W0208578

DÉCRYPTEZ VOTRE CHAT

© **IDEO 2020**, un département de City Éditions
Couverture : Shutterstock/Studio City

ISBN : 978-2-8246-1716-9
Code Hachette : 56 7306 1

Collection dirigée par Christian English & Frédéric Thibaud
Catalogues et manuscrits : city-editions.com/IDEO

Conformément au Code de la Propriété Intellectuelle, il est interdit de reproduire intégralement ou partiellement le présent ouvrage, et ce, par quelque moyen que ce soit, sans l'autorisation préalable de l'éditeur.

Dépôt légal : Novembre 2020

DÉCRYPTEZ VOTRE CHAT

GWENDOLINE
LE PEUTREC-REDON

ideo EDITIONS

Sommaire

Partie II : Comprendre les signaux de communication du chat

Partie III : Solutionner les comportements gênants

Partie IV : Conseils pour bien choisir son chat

Partie V : Tiens, « Chat », je ne savais pas !

Introduction

Le chat, animal en vogue depuis une dizaine d'années, ne cesse de faire parler de lui. Possédant aujourd'hui plus de 12 millions de représentants de l'espèce, les Français sont de plus en plus nombreux à faire le choix d'adopter un ou plusieurs chats. Mais la question se pose quant à la compréhension de qui il est, de ses besoins et de sa place dans nos foyers.

Parallèlement à l'intérêt grandissant pour le bien-être animal, les abandons ont explosé avec plus de 100 000 animaux délaissés en France chaque année. Les problèmes de comportement que les personnes ne savent pas gérer par méconnaissance des besoins éthologiques sont une des causes de ces abandons. Ainsi, comprendre ce qu'est le chat et comment il fonctionne apparaît aujourd'hui comme une nécessité pour faire face à ce constat. Le nombre de comportementalistes spécialisés dans le comportement félin est en nette augmentation, et ceci pour répondre à la demande. C'est le gage d'un bel espoir quant à la volonté de mieux cerner cet animal si mystérieux et pourtant si accessible quand on couvre ses besoins.

Cet ouvrage a pour but d'expliquer le fonctionnement comportemental du chat, de décoder ses signaux de communication, d'appréhender les particularités liées à son espèce et de conseiller les personnes qui subissent de la part de leur chat des comportements jugés dérangeants.

Ici, vous ne lirez pas que votre chat est dysfonctionnel, que les comportements qu'il produit sont inadaptés, qu'il faut lui apprendre à obéir sans raison, qu'il doit se plier aux conditions qu'on lui impose. Vous ne lirez pas non plus les mots : maître, malpropreté, vol, vengeance.

C'est, au mieux, de la méconnaissance et, au pire, de l'anthropomorphisme malvenu. Et puisque l'on désigne nos animaux par le nom de leur espèce (chat, chien, cheval…), on utilisera le terme d'humain (ainsi, il n'y a pas de hiérarchie mal placée) mais aussi bien d'autres termes finalement plus adaptés et logiques comme éliminations hors litière, frustration ou gestion émotionnelle et capacité d'adaptation. Ensemble, entrons dans le monde du chat et apprenons à bien cohabiter avec lui.

1

Un chat, c'est qui ?

Cette première partie a pour but d'expliquer comment les chats et les humains se sont rapprochés alors que leurs modes de fonctionnement sont si différents. Ensuite, nous ferons le point sur la classification des chats en fonction de leur proximité avec l'humain. Ceci pour intégrer qu'ils méritent d'être considérés dans leur individualité tout entière car vivre à leurs côtés apporte une multitude de bienfaits physiques et mentaux si la cohabitation est réciproquement sereine.

La cohabitation du chat avec l'humain

Une bien mystérieuse histoire que le rapprochement entre le chat et l'humain. Un animal non social comme le chat (*Felis silvestris catus*, de son nom latin) n'avait pas grand-chose à la base pour tisser un lien tel que celui que des millions de personnes partagent aujourd'hui avec lui. Mais alors, comment tout ça a commencé ?

Histoire d'une domestication peu probable

C'est une histoire qui commence il y a environ 10 000 ans : un squelette de chat à côté d'un squelette humain apportant la preuve d'une relation privilégiée entre les deux espèces. On a retrouvé les deux individus enterrés côte à côte dans la ville de Shillourokambos sur l'île de Chypre et c'est à l'heure actuelle la plus ancienne preuve du rapprochement entre l'humain et le chat que l'on ait. Une vaste étude génétique est venue compléter nos connaissances sur les origines du chat et l'on sait désormais que notre chat domestique est issu du *Felis silvestris lybica*, un chat sauvage que l'on retrouve au Moyen-Orient.

Ainsi, le chat s'est probablement rapproché de l'humain dans une relation de commensalisme : le chat pouvait chasser les rongeurs s'attaquant aux récoltes humaines et les humains y ont vu un bénéfice et ont accepté cette proximité. Au départ « pratique », la relation entre le chat et l'humain a évolué au cours du temps. Les preuves d'une domestication complète se retrouvent dans une statuette de chat en ivoire, datant de – 3 700 et impliquant la présence des petits félins dans les foyers.

Longtemps, les Égyptiens furent au cœur de la théorie sur la domestication du chat mais les peintures illustrant des chats dormant sur des chaises, portant un collier ou se nourrissant dans des écuelles ne datent que d'environ – 1 500. Le chat n'a d'ailleurs été divinisé officiellement qu'aux alentours de – 1 000 à travers la déesse Bastet.

La relation entre le chat et l'humain a connu des retournements par la suite puisqu'il a été diabolisé au Moyen

Âge, incarnant le démon qui accompagnait les sorcières, avant de retrouver les bonnes grâces des humains au vu de ses talents de chasseur. C'est à la Renaissance avec la propagation de la peste que son utilité à tuer les rats lui redonna une certaine valeur.

Mais le siècle des Lumières fut réellement salvateur pour le petit félin car les auteurs ont fait de lui un symbole de mystère et de profondeur et démontent les superstitions religieuses. Marie-Antoinette arbore même fièrement ses six chats angoras à la cour royale, marquant par là même l'évolution des races de chat.

Finalement, l'avènement du chat peut être situé en 1871 lors de la première exposition féline à Londres réunissant 170 chats dont des british shorthairs et des persans. Le chat devenait un animal de compagnie à part entière, dépassant le simple côté utilitaire, et les humains ont commencé à développer les différentes races pour leur agrément.

Le chat à la conquête du monde

Le rapprochement avec l'humain n'était pas chose aisée pour le chat de par sa nature très différente mais il a fini par conquérir la planète entière. On a longtemps pensé que le chat domestique avait plusieurs foyers d'apparition sur la planète mais l'étude scientifique précédemment évoquée montre que tout converge vers le *Felis silvestris lybica* présent au Moyen-Orient. Comment s'est-il retrouvé sur l'ensemble du globe et notamment outre-mer pour donner le *Felis s. catus*, notre chat domestique ?

À son apogée égyptienne, le chat a continué d'être utile et les humains l'ont embarqué dans leurs bateaux pour protéger les vivres des rongeurs. Ainsi, en partant d'Alexandrie jusqu'aux régions portuaires de l'Empire romain, le chat a conquis le bassin méditerranéen jusqu'en Grèce. Les Romains l'emmenèrent avec eux pendant leur conquête jusqu'au nord de l'Europe et dans les îles Britanniques.

Prolifique, le chat a atteint l'Inde et la Chine par terre et par mer, étendant par là même sa présence sur le globe. Une autre étape de sa colonisation du monde se fit, on le suppose, grâce aux grandes explorations maritimes du XVe siècle. Le continent américain aurait vu le chat apparaître sur ses terres grâce à l'arrivée de Christophe Colomb et d'autres navigateurs qui emmenaient des chats à bord, toujours pour protéger les réserves de nourriture. On pense aussi qu'ils sont arrivés en Australie avec les colons européens au XIXe siècle.

Il y aurait à ce jour environ 600 millions de chats sur la planète, du chat marron au chat de compagnie. De quoi passer des heures à les étudier et à comprendre comment ils fonctionnent…

Chats de race, chats de maison, existe-t-il une différence ?

Oui et non. Oui, si l'on prend en considération les règles fixées par les humains concernant la filiation et les standards de race. Non, si l'on s'en tient à la génétique. En effet, au niveau de son ADN, le chat domestique est toujours un

Felis s. catus issu du *Felis s. lybica*. Les races de chat ne proviennent que de la variation de certains gènes concernant la couleur ou la longueur du pelage, la taille ou la forme des oreilles, une morphologie plus ou moins ronde ou longiligne parmi bien d'autres critères. Une mention particulière toutefois pour les races de chat de type oriental qui ont connu moins d'hybridations avec les chats sauvages à l'époque de leur extension vers la Chine bien que ces chats restent toutefois des *Felis s. catus* à part entière.

Outre la génétique, il y a la différenciation que l'humain a fait entre le chat de race et le chat de maison. On surnomme encore ce dernier chat de gouttière et à tort chat européen. À tort car le chat européen est une race à part entière dont les individus possèdent un pedigree. On appellera donc chat de race celui qui possède un pedigree attestant de sa filiation. Chaque race obéit à un standard qui dresse une liste de caractéristiques morphologiques et en fonction duquel les juges d'exposition féline vont ou non attribuer des titres à l'animal. Le pedigree n'est pas automatiquement délivré, il faut que l'éleveur en ait fait la demande au Loof (Livre officiel des origines félines) en déclarant la portée.

Bon à savoir.

L'éleveur doit obligatoirement faire la demande de pedigree à la naissance, sinon le chat ne pourra pas l'obtenir. Un chat sans pedigree, même issu de parents loofés, ne pourra être appelé chat de race. Il sera un chat « d'apparence maine coon » par exemple ou encore « d'apparence chartreux ».

Entre adopter un chat de race ou un chat de maison, cela reste une question de préférence physique. Il faut se méfier également des races dont on décrit le comportement car l'individu n'est pas coulé dans un moule et même si les éleveurs ont sélectionné des traits comportementaux au fil des années, rien ne garantit le tempérament ou le caractère d'un chat. En effet, entre ses prédispositions innées, ses expériences individuelles, son milieu de développement précoce et son environnement futur, il pourra être totalement différent d'un point de vue comportemental de la description faite de la race.

Quelle différence ?

Le caractère relève d'un apprentissage de l'individu face à son environnement, son entourage, sa culture. Les expériences vont forger son caractère dans un ensemble de caractéristiques qui lui sont propres. Le tempérament relève plutôt de l'humeur naturelle de l'individu, d'une disposition innée à réagir spontanément à un évènement. Le tempérament est plutôt défini par des facteurs biologiques qui influent sur le comportement.

L'individu chat

Un chat, ce n'est pas tous les chats

La tendance aujourd'hui, c'est de parler du chat et non pas d'un chat. Or, pourquoi faudrait-il généraliser un ou des comportements à tous ? Évidemment, il y a des significations comportementales qui concernent tous les chats comme pour toutes les espèces, on appelle cela le répertoire comportemental. Ce sont les comportements que l'on retrouve normalement chez tous les individus d'une espèce mais comme chez l'humain, des attitudes peuvent avoir fait l'objet d'un apprentissage et changer complètement leur sens initial.

C'est important de prendre cela en compte si l'on veut comprendre, ou du moins tenter de comprendre, au mieux le chat avec lequel on vit. En tant que comportementaliste, j'entends souvent : « Je ne comprends pas mon chat, j'en ai déjà eu plusieurs et aucun ne m'a jamais fait ça ». C'est typique et naturel car l'humain a tendance à penser qu'il connaît ce qu'il côtoie. Cependant, expérimenter quelque chose, même de manière répétée, n'apportera pas un savoir exhaustif de cet élément. Comme j'aime à le rappeler à mes clients humains, ce n'est pas parce qu'on a conduit une voiture toute sa vie que l'on est devenu mécanicien.

En effet, il y a le contenant et le contenu, les particularités innées ou acquises et comment l'ensemble interagit avec l'environnement. Cela représente un ensemble de facteurs et de possibilités considérables qu'il est fort dommageable d'éluder.

Le chat, c'est pareil. On peut en avoir eu deux, dix ou vingt, il y aura toujours une part de mystère et certains comportements peuvent être très déroutants pour l'humain alors qu'ils font pourtant sens pour l'individu chat. C'est le rôle du comportementaliste qui a appris le fonctionnement global de l'espèce mais s'exerce chaque jour à pouvoir analyser les apprentissages spécifiques de l'individu pour comprendre qui est le chat en question. D'où l'importance de prendre le temps nécessaire en entretien pour poser toutes les questions qui vont permettre de construire un profil et d'observer l'environnement du petit félin. Ainsi, les influences de l'un vers l'autre pourront expliquer les problématiques pour lesquelles le comportementaliste a été sollicité.

Ne pas se tromper

On entend souvent parler de l'éthogramme d'un animal, ce qui est relativement erroné car la définition veut qu'un éthogramme soit exhaustif. Or, à ce jour, il n'y a qu'un seul animal dont tous les comportements ont été observés : la puce ! Dans les autres cas, il est donc plus juste de parler de répertoire comportemental.

Le tempérament et l'expérience font de lui un être unique

Lors de l'adoption, il est important de ne pas se fier qu'au physique et de prendre en compte l'ensemble des caractéristiques du milieu de développement du chaton pour que le *matching* opère. Ne choisissez pas un chaton né à la ferme, dans une famille pleine d'enfants, vagabondant depuis son plus jeune âge et rencontrant les stimuli de la campagne si vous vivez seul dans un appartement de 50 m² à Paris sans possibilité de sortie. Vous verriez sinon probablement apparaître des comportements dérangeants chez votre chat qui seraient pourtant bien légitimes.

C'est avec les apprentissages et son tempérament de base que le chat peut produire un comportement différent de ce pourquoi il l'aurait proposé initialement. C'est l'exemple typique du félin qui miaule devant la fenêtre pour exprimer sa frustration de ne pas avoir accès à l'extérieur. Sauf que l'humain va interpréter ce comportement au travers de son point de vue : si le chat miaule, c'est parce qu'il demande quelque chose. Et en toute bonne volonté, nous ouvrons alors ladite fenêtre… Oui, mais votre chat qui ne faisait que s'exprimer apprendra très vite que s'il miaule, vous lui donnerez accès au graal. Il reproduira alors systématiquement ces miaulements quand il voudra sortir. Et vous voilà transformé en portier à chat.

Il y a donc le tempérament de base de l'animal, les expériences qu'il a vécues, mais aussi l'environnement dans lequel il évolue. Or, cet environnement est déterminant pour comprendre pourquoi un chat produit tel ou tel comportement car le même animal que l'on change de contexte pourra être complètement différent. C'est ce qui explique les cas où les personnes ont un chat qui urine en dehors du bac à litière alors qu'il utilise le bac sans souci quand elles le font garder par quelqu'un de la famille.

Prendre en compte tous les éléments qui composent le quotidien d'un individu et l'envisager comme un mécanisme aux rouages interdépendants, cela s'appelle la systémique. Les comportementalistes utilisent cet outil dans leurs interventions pour avoir une analyse précise de la situation pour laquelle ils ont été appelés. Notez bien alors que tout professionnel du comportement se déplace au domicile du chat pour être efficient.

Ainsi, il existera des chats très sensibles et d'autres très zen, avec toutes les nuances entre les deux. Nous parlerons alors de jauge émotionnelle et de capacité d'adaptation pour connaître le profil réactionnel d'un chat. La jauge émotionnelle est la mesure du stress vécu par l'animal et le point à partir duquel ce stress deviendra désagréable, ce point étant le seuil de tolérance. Nommé seuil d'homéostasie sensorielle par les scientifiques, ce point est variable selon les individus et leurs expériences précoces. Plus le seuil sera faible et plus le chat aura tendance à être vite perturbé par les changements, même minimes, tandis que plus le seuil sera élevé et plus le chat saura faire face aux évènements en toute sérénité.

Il y aussi la capacité d'adaptation qui est la faculté pour l'animal de se remettre d'un évènement stressant. Certains chats reviendront vite à un état neutre après un stimulus alors que d'autres mettront beaucoup de temps à « redescendre ». Cette variabilité est elle aussi conditionnée par les capacités intrinsèques de l'individu et les diverses expériences précoces.

Mais ce n'est pas parce qu'un chat a un seuil de tolérance faible que sa capacité d'adaptation en sera forcément diminuée et inversement. Nous connaissons tous des chats très réactifs qui sursautent au moindre mouvement, qui vivent les déplacements comme un drame mais à qui il ne faudra que quelques minutes pour que tout redevienne normal une fois l'évènement terminé. *A contrario*, on observera certains matous aguerris qui semblent s'adapter à tout tomber dans un état de stress prolongé après l'accumulation de plusieurs évènements qui leur ont fait dépasser leur seuil de tolérance.

D'où l'importance pour le chat de vivre des expériences variées et mesurées dans sa jeune vie pour avoir un seuil de tolérance optimal et des capacités d'adaptation efficientes.

Un profil pour comprendre ses réactions

Dans notre métier de comportementaliste, établir le profil de l'individu en question permettra d'orienter les conseils et notre approche au mieux.

Ainsi, deux grandes catégories se détachent, auxquelles il conviendra d'ajouter les particularités individuelles.

Le chat de profil actif/offensif : c'est celui qui est très présent visuellement, qui vient voir qui sont les invités qui viennent d'arriver, qui cherche à déloger activement un congénère qui vient de pénétrer dans son domaine de vie mais qui n'hésitera pas à aller conquérir celui des autres. Il a tendance à prendre plus de risques, à aller explorer des objets, lieux, animaux ou humains qu'il ne connaît pas. Cela ne veut pas dire qu'il n'a pas peur mais qu'il a besoin de se confronter au stimulus pour mieux gérer ses émotions. Quand on le dérange, il aura plus tendance à multiplier les signaux de mise à distance qu'à prendre la fuite.

Le chat de profil passif/défensif : ici, nous aurons plutôt un chat discret, qui observe de loin ce qui se passe. Il a tendance à éviter les conflits en s'éloignant de l'humain, du congénère ou de tout animal dont l'attitude le rend nerveux. Face à ce qu'il ne connaît pas, il lui faudra un temps d'adaptation avant d'aller explorer, quand il considérera qu'il n'y a pas de danger. Il est prudent et lent dans ses approches et peut passer plusieurs heures caché tant qu'il n'est pas revenu à son seuil d'homéostasie sensorielle.

Pourquoi cohabiter avec un chat

Nous avons vu que le chat a une histoire particulière dans son rapprochement avec l'humain et malgré sa nature très différente, il est aujourd'hui l'animal de compagnie incontournable. Mais pourquoi nous sommes-nous entichés de ce petit félin que rien ne prédisposait à vivre à nos côtés avec tant de promiscuité ? Au-delà de la relation affective, vivre avec un chat apporte beaucoup d'avantages.

Les bienfaits de vivre avec un chat à ses côtés

Ils sont nombreux et souvent ressentis inconsciemment mais ces bienfaits touchent plusieurs domaines de nos vies.

Premièrement, le chat a le pouvoir de nous apaiser. Qu'ils recherchent le contact ou qu'ils nous observent à bonne distance, la plupart des chats nous invitent à déstresser par leur attitude calme et sereine.

Sur nos genoux, au pied du lit ou contre nous sur le canapé, le chat produit des ronronnements qui ont un effet relaxant. Le docteur vétérinaire Jean-Yves Gauchet a même développé le concept de ronronthérapie tant on s'est aperçu de ses vertus. Son de basse fréquence (25 à 50 Hz), les vibrations du ronronnement sont utiles pour le chat à divers niveaux que l'on détaillera dans la partie II *Comprendre les signaux de communication du chat*.

Mais elles ont des conséquences étudiées aussi sur l'humain en réduisant les risques cardio-vasculaires, notamment en faisant baisser la pression artérielle, et en stimulant le système immunitaire. Ceci probablement parce que le ronronnement du chat provoque une émotion de plaisir libérant de ce fait des hormones bénéfiques telles que la dopamine.

Jean-Yves Gauchet a mené une expérience sur 50 personnes devant écouter le ronronnement d'un chat pendant 30 minutes et les résultats ont été le ressenti d'un bien-être, de la sérénité et un endormissement facilité. On a aussi constaté que les chats avaient cinq fois moins de séquelles et se remettaient trois fois plus vite que les chiens à lésions égales !

Comment ça marche ?

Les vibrations émises par le chat ont été et restent encore un mystère tenace dont l'origine est incertaine bien que plusieurs théories existent. Après l'évocation du larynx et du diaphragme, on pense actuellement que le ronronnement proviendrait des mouvements sanguins de la veine cave.

D'ailleurs, au Japon et aux États-Unis, plusieurs entreprises acceptent et favorisent la présence des chats pour leurs employés afin qu'ils soient plus détendus et donc plus productifs.

Ensuite, un bénéfice indéniable sur la santé n'est pas négligeable. Une étude de l'université du Minnesota menée pendant dix ans sur 4 000 Américains a montré que vivre avec un chat faisait diminuer de quasiment un tiers le risque de décéder d'une maladie cardio-vasculaire. Ce constat s'explique probablement par le bien-être que nous avons évoqué, la pression artérielle étant diminuée dans un état serein.

On peut aussi citer les capacités du petit félin à donner ou redonner confiance aux personnes en elles, à les responsabiliser à travers les soins, le nourrissage et l'entretien des accessoires. Cela permet aussi d'entretenir la forme physique et mentale à travers les jeux, les observations, les échanges vocaux ou affectifs. Mais il permet aussi la création de liens sociaux chez les personnes âgées, handicapées, incarcérées ou malades qui sont souvent isolées et repliées sur elles, ce qui a fait de lui un candidat sérieux à la médiation animale.

Les vraies raisons pour lesquelles on devrait adopter un chat

Certes, il y a des bienfaits non négligeables à cohabiter avec un ou des chats mais se baser sur ces aspects sans tenir compte d'une certaine réciprocité pour le chat serait, au mieux, inconfortable et, au pire, maltraitant.

En effet, nous sommes tous d'accord pour dire que la présence du chat nous fait du bien mais nous, que lui apportons-nous ?

Cela devrait être la première question à se poser quand on souhaite adopter car cela serait l'assurance de bien faire ou, en tout cas, d'essayer de bien-faire. Les bénéfices précédemment cités ne valent que si la cohabitation est harmonieuse car lorsque le chat produit des comportements dérangeants, c'est plutôt du stress que l'on risque de ressentir. Or, ces comportements dérangeants viennent majoritairement d'une incompréhension du comportement félin et de la mauvaise interprétation de ses signaux de communication. Ainsi, la motivation initiale quand on choisit de cohabiter avec un chat devrait être la volonté de le comprendre, de savoir ce dont il a besoin pour qu'il soit épanoui et ainsi nous offrir tous les bienfaits dont il est, inconsciemment, capable.

Adopter un chat devrait être plus que la recherche affective, le besoin d'une présence, la volonté d'admirer cette mini panthère et représenter une certaine implication. Un parallèle avec la venue d'un bébé humain est adapté en l'occurrence : se renseigner, se projeter, s'assurer de lui apporter confort et sécurité, demander de l'aide quand nous en avons besoin, en somme toutes les démarches responsables dans ce genre de situation.

Et votre chat vous le rendra bien !

Pour bien le comprendre, il faut bien en parler

Nous souhaitons absolument faire le point sur les termes que nous devrions utiliser quand on parle de nos chats. En effet, les mots ont un sens et ils influent consciemment ou inconsciemment sur notre vision des choses. Beaucoup d'expressions incorrectes, inexactes falsifient la réalité animale et agissent négativement sur la relation humain-chat. Voici ces termes et ceux par lesquels ils doivent être remplacés pour une véritable correspondance avec la réalité féline :

- Trouble du comportement : on commence avec cette expression complètement inappropriée puisqu'elle implique que le chat est dysfonctionnel. La définition du Larousse indique qu'un trouble est la « perturbation dans l'accomplissement d'une fonction physique ou psychique, pouvant se manifester au niveau d'un appareil, d'un organe, d'un tissu ». Or, nous allons voir tout au long de ce livre que les manifestations comportementales de nos chats sont tout à fait normales et qu'ils les produisent en réponse à un stimulus, un stress pour s'adapter à la situation. Si une pathologie apparaissait, cela relèverait de la médecine vétérinaire, mais dans l'énorme majorité des cas, ces comportements sont tout à fait adéquats et adaptés pour le chat. En réalité, nous devrions parler de comportements dérangeants car il s'agit bien de cela : un chat qui urine partout, qui nous réveille la nuit en miaulant, qui nous mord lorsqu'on le caresse ou qui détruit nos meubles en griffant, cela nous dérange. Une partie de ce livre a pour objet de comprendre pourquoi il fait cela et comment inverser la tendance.

- Malpropreté : ceci implique que le chat n'est pas propre, qu'il fait donc quelque chose de mal, qu'il a un problème. Or, quand il urine ou défèque en dehors de sa litière, il y a une véritable explication, un message qu'il nous faut décrypter. Pour lui, c'est normal, c'est pour nous que c'est dérangeant. On s'attachera alors aux faits en parlant d'éliminations hors bac.

- Vol : on a tendance à dire d'un chat qui prend de la nourriture qui ne lui est pas destinée qu'il vole. Mais ce terme implique la conscience de dérober frauduleusement le bien d'autrui, ce qui n'est pas le cas du chat. Mué par la faim ou une frustration quelconque, il se contente de prendre ce à quoi il a accès pour combler ce manque. On préférera dire que le chat se sert ou simplement qu'il prend la nourriture accessible.

- Maître : utilisé pour qualifier la personne qui possède un animal, ce mot implique une hiérarchie non souhaitable. *Le Larousse* définit le maître comme la « personne qui commande ou la chose qui dirige la conduite » de l'autre. On parlera dans ce cas plus adéquatement d'humain (par le nom de notre espèce) comme on parle de chat, de chien, de cheval ou d'oiseau. Faire évoluer le rapport à l'animal, c'est comprendre qu'on ne devrait pas commander ni diriger le comportement de l'autre mais plutôt collaborer pour le respect et le bien-être des espèces en présence.

- Dressage : défini dans le dictionnaire comme « une forme d'apprentissage particulièrement sévère », le dressage correspond à une relation qui n'est ni saine, ni réciproque. Si certains diront qu'avec des méthodes « à l'ancienne », on obtient des résultats, nous répondrons que toutes les études ont démontré qu'ils sont temporaires et risquent de susciter une défiance. Pourquoi vouloir utiliser des techniques coercitives quand on peut obtenir la même chose et même mieux en coopérant, en comprenant, en respectant ? Si l'idée, c'est de parler de certains apprentissages nécessaires mais respectueux, alors éducation pourrait éventuellement s'utiliser.
- Méchant / Gentil : Un chat n'est ni gentil ni méchant, il va réagir en fonction de ce qu'il lui est proposé, de son tempérament et de son caractère forgé par les expériences passées. Comme pour les humains, il n'y a pas de statut figé, il y a des actions bonnes ou mauvaises avec toutes les nuances à apporter. Si on veut décrire un chat qui a tendance à mordre ou à griffer facilement, on dira qu'il est réactif et si, au contraire, on veut parler d'un chat qui accepte beaucoup de choses sans broncher, alors on dira qu'il est tolérant.
- Agressif : comme évoqué précédemment, il ne s'agit pas d'un état immuable. Les réactions du chat à une agression sont une réponse normale, un comportement adaptatif. On se limitera à décrire l'action en parlant

d'agression ou de conduite agressive mais on ne qualifiera pas le chat avec un terme voulant fixer son identité.

- Vengeance : c'est un terme très courant que l'on attribue à une action indésirable de notre chat en réponse à quelque chose qu'on lui aurait fait subir. On définit la vengeance comme un « dédommagement moral de l'offensé par punition de l'offenseur ». Mais quand Minet a uriné après une longue absence de votre part par exemple, vous verrez qu'il n'a pas cherché à agir directement sur vous mais à exprimer une frustration. Pour tous ces comportements que l'on attribuerait à une vengeance, il faudra plutôt parler de réponse adaptative.

2

Comprendre les signaux de communication du chat

Dans cette partie, il est question de comprendre l'espèce dans son ensemble, son fonctionnement, ses besoins éthologiques mais aussi, et surtout, de savoir décrypter ce que le chat veut dire – ou nous dire – à travers ses moyens de communication. Ce qui est naturel pour lui n'apparaît pas forcément comme logique pour nous. Et pour cause. Nous sommes deux espèces très différentes tant dans les signaux d'expression que dans nos besoins pour être bien.

Territorial, vous dites ?

Qui n'a pas entendu ou dit que le chat est un animal territorial ? C'est d'ailleurs ainsi que les comportementalistes ont longtemps qualifié l'animal car ses comportements étaient en adéquation avec ce qu'on attend d'une telle nature. Qu'en est-il aujourd'hui du point de vue de la communauté scientifique ?

Le point sur la notion de territorialité

Il apparaît bienvenu de commencer par définir ce qu'est un territoire : il s'agit « d'un espace plus ou moins exclusif marqué et défendu en permanence par un individu ou un groupe d'individus » (Torsten MALMBERG, *Human Territoriality. Survey of Behavioral Territories in Man with Preliminary Analysis and Discussion of Meaning*, La Haye, Mouton, 1980.). La territorialité est quant à elle définie comme « tout phénomène de comportement qui a pour conséquence l'exclusion d'une catégorie d'organismes de la même espèce par rapport à l'espace qu'un individu ou un groupe d'individus occupe et qui est leur territoire » (Paul *ANDERSON* et James *HILL*, *Mus musculus: experimental induction of territory formation*, Science, New York, 1965.) Si l'on s'en tient à ces définitions, un animal serait territorial s'il défend de manière permanente et exclusive son territoire. Or, les chats sont tout à fait capables de cohabiter sans heurts. Pour la plupart, en tout cas, car certains ne peuvent être dans la même pièce sans s'étriper. Partant de ce constat, la communauté scientifique réfute que le chat soit un animal territorial.

Pourtant, et alimentant ainsi le débat, d'autres auteurs permettent de nuancer ce constat : « La diversité des comportements révélateurs de la territorialisation d'un espace par un individu ou un groupe d'individus rend probablement impossible une définition précise et concise de cette notion » (Clarence R. CARPENTER, « Territoriality: A Review of Concepts and Problems », *in* A. ROE, G. G. SIMPSON (dir.), *Behavior and Evolution*, New Haven, Yale University Press, 1958.)

Il faut noter également que s'il y a une sorte de consensus sur la définition du territoire, les comportements signant la territorialité ne sont pas spécifiquement déterminés pour chaque espèce.

Ainsi, il apparaît difficile de ne pas voir les comportements de marquage du chat comme la volonté d'appropriation, de balisage d'un espace de sa part. Ils ont d'autres fonctions comme nous le verrons dans la partie sur les signaux de communication mais il est difficile de ne pas y voir de la territorialité.

Ainsi, à l'heure actuelle, le débat n'étant pas clos et surtout pouvant être amené à évoluer, il faut rester prudent et opter pour le terme de domaine vital qui, lui, ne pose pas question.

Le domaine vital est l'espace total qu'un individu parcourt et explore tout au long de sa vie mais cet espace n'est pas défendu de manière active bien qu'il puisse être marqué et possédé temporairement. Ainsi, on est certain qu'aucune discordance concernant le chat ne peut apparaître lorsque l'on parle de domaine vital.

Certes, cela peut être déstabilisant car l'adjectif « territorial » est entré dans les mœurs et a permis de comprendre l'importance que l'environnement pouvait prendre pour notre ami à quatre pattes mais, au final, cela ne change rien à la façon dont il faut l'envisager. Au-delà des débats de mots, le plus important est de comprendre le fonctionnement de l'animal et de lui permettre de couvrir ses besoins physiques, physiologiques et psychologiques.

Mais alors, comment mon chat organise son espace de vie ?

Que le chat soit captif, c'est-à-dire ne sortant pas ou peu à l'extérieur du foyer, ou libre, il organisera toujours son espace de vie plus ou moins de la même façon. Cela ne veut pas dire que tous les chats auront exactement les mêmes endroits privilégiés pour telle ou telle activité mais que l'on observera ces zones chez tous les chats.

On retrouve classiquement :

- L'aire de repos où le chat va pouvoir dormir, s'isoler, effectuer une surveillance passive, se toiletter. C'est en général une zone sécurisée, en hauteur, où il aura appris que les activités nécessitant une baisse de vigilance peuvent être réalisées. Attention, ne partez pas du principe que vous choisirez cet endroit pour lui car vos critères de sécurité ne sont pas forcément ceux de votre chat. Ceci expliquant pourquoi les petites maisons, couffins ou autres tentes pourtant achetées avec conviction sont souvent délaissés par vos petits félins. Observez plutôt les endroits préférentiels et naturellement choisis, et disposez-y les coussins ou couvertures destinés à votre chat : vous aurez plus de succès et votre chat ne se privera pas d'un peu de confort.
- L'aire de marquage où le chat va déposer ses différentes odeurs afin de signaler sa présence. En réalité, il s'agit de plusieurs endroits qui seront balisés avec les différents marquages félins comme les urines ou les fèces, les griffades, les sémiochimiques ou les postures. Nous développerons ces différents modes de marquage dans la partie sur les signaux de communication mais sachez

d'ores et déjà que chaque façon de marquer a un intérêt différent selon le contexte. Ces aires de marquage sont excessivement importantes pour les chats, même si certains auront plus besoin que d'autres d'indiquer leur présence, de repousser l'autre ou de se rassurer.

- L'aire d'alimentation est la zone où l'animal va procéder aux activités de nourrissage. Le chat pourra être nourri par l'humain et cette aire est donc « imposée » mais dans le cas où le chat peut chasser, la zone sera plus élargie et surtout variable en fonction du type de proies et des stratégies de chasse adoptées. Dans ce dernier cas, l'aire d'alimentation concerne uniquement l'endroit où la proie sera consommée et non l'activité de prédation dans son ensemble. En effet, le chat peut chasser pour se nourrir, certes, mais aussi dans un cadre ludique, d'apprentissage et d'entraînement. Ce sont toutes les fois où l'on verra le petit félin ramener un oiseau ou un petit rongeur mais « jouant » avec sans l'ingérer. Et cela s'observe aussi bien chez les chats harets (chats domestiques mais retournés à l'état sauvage) que chez les chats nourris par l'humain, montrant par là même un intérêt différent de la simple consommation. L'aire d'alimentation dans la maison doit être réfléchie pour permettre au chat de pouvoir manger sans s'inquiéter outre-mesure de l'environnement et des potentielles sources de danger. Et ceci quels que soient le type d'aliment (croquettes, pâtées, Barf ou *Whole Prey*) et la fréquence de distribution. Préférez toujours un endroit calme et, si possible, en hauteur pour que le chat puisse être sécure, particulièrement en présence d'enfants, de chiens ou d'autres animaux. Concernant la prise hydrique, le principe est le même. Cependant, le chat doit être encouragé à boire car son alimentation peut ne pas lui apporter l'humidité nécessaire à une bonne santé et l'espèce a tendance à avoir les reins fragiles. Ainsi, pensez à lui proposer une fontaine à eau et spécialement celles qui imitent le filet d'eau du robinet, la plupart des chats y seront sensibles et s'abreuveront plus volontiers.

Bon à savoir

Un chat va consommer entre 70 et 100 grammes de croquettes par jour en fonction de son poids, de ses possibilités de sorties, de son statut hormonal et de sa santé notamment. Les croquettes étant un aliment sec, il est recommandé d'avoir au moins une alimentation mixte couplant croquettes et pâtées humides pour préserver la fonction rénale.

- Les aires d'activité sont les zones restantes où le chat pourra avoir des comportements de jeu, d'exploration, de prédation, d'échanges sociaux intra- ou interspécifiques. Le jeu chez l'animal est un concept différent de celui habituellement envisagé pour l'humain et il est plus juste de parler de comportement ludique. Le chat peut jouer seul ou avec un congénère, un autre animal ou encore l'humain. Selon les types de jeu et l'âge du chat, il pourra s'agir de socialisation ou de familiarisation, de développement et d'entraînement psychomoteurs ou encore d'affinement des capacités cognitives avec un apprentissage latent. L'exploration de l'environnement permet au chat une dépense mentale importante, que cela soit motivé par un comportement de curiosité vis-à-vis d'un objet inconnu ou par un comportement appétitif dont le but est bien précis. C'est d'ailleurs un élément clé du bien-être félin largement sous-estimé ou méconnu du grand public. Ce n'est pourtant pas faute de vouloir bien faire mais avoir quelques notions sur ce que l'on nomme l'enrichissement du milieu permet d'optimiser cette dépense mentale. Nous développerons ce point dans la partie III p.161 (L'enrichissement du milieu).

- Comme nous l'évoquions plus haut, l'activité de prédation peut avoir pour objectif le nourrissage mais pas uniquement. Le chat peut attraper sa proie puis « jouer » avec, sans jamais la consommer. Il s'agit plutôt dans ces cas d'un comportement ludique permettant au félin d'affûter ses techniques de chasse ou de combler un besoin psychologique en répondant à un instinct de prédateur profondément ancré. Si votre chat a l'habitude de ramener ses proies à la maison et si cela vous dérange, surtout ne le réprimandez pas mais réorientez-le à l'extérieur de la maison pour lui éviter toute frustration. C'est un instinct trop fort pour qu'il cesse de le suivre, donc s'il apprend qu'à l'extérieur, il peut s'adonner à cette activité sans contrainte, il finira sûrement par y laisser sa proie. Et enfin, dans ces aires d'activité, le chat peut rencontrer – de manière plus ou moins forcée – des congénères, des humains, d'autres animaux. En fonction de ses velléités du moment, de sa connaissance ou non de l'individu, de la possibilité ou non de s'y soustraire, ces échanges pourront être de tous types : affectifs, neutres ou agonistiques.

Bon à savoir

On appelle comportements agonistiques tous les comportements qui ont pour but de gérer un conflit. Cela comprend les menaces, l'attaque, la défense ou la fuite et n'inclut pas uniquement les agressions en tant que telles.

Dans cette aire d'activité, il faut inclure l'aire de reproduction pour les animaux non stérilisés. Il n'y a pas d'endroits spécifiques pour l'accouplement si ce n'est, comme condition, une absence de danger comme pour toute activité impliquant une baisse de vigilance.

Pour résumer, le chat dispose de zones spécifiques selon la fonction du comportement et selon le degré de vigilance que celui-ci implique. D'une manière générale, le chat évolue dans un espace tridimensionnel, contrairement au chien par exemple, car il a besoin d'accéder aux hauteurs.

Le chien est un coureur, le chat un sauteur. Pour sa sécurité et sa surveillance de l'environnement, il est nécessaire de permettre au chat de grimper et de sauter.

Cela va parfois à l'encontre de certains principes humains qui interdisent l'accès aux meubles pour des raisons de protection du mobilier ou d'hygiène. Si certains points clés peuvent être préservés des assauts félins, il faut que la grande majorité des pièces et des meubles puissent être investis par l'animal afin qu'il exprime les comportements afférents. Trop d'interdits ou de restrictions spatiales engendreront à coup sûr un stress durable chez le chat.

Cela devrait être un des critères de réflexion avant l'adoption d'un chat : acceptez-vous que celui-ci monte sur les meubles et aille dans les différentes pièces de l'habitation ? Si certains endroits sont bannis pour les raisons précédemment évoquées, acceptez-vous de lui aménager des coins spécifiques ? Si la réponse est oui, alors vous pouvez envisager une cohabitation chat-humain.

La socialité chez le chat

Le chat traîne la réputation d'animal indépendant mais qu'est-ce que cela implique ? Est-ce vrai ? Nous allons démêler le vrai du faux et comprendre le mode de fonctionnement de cet animal aux capacités d'adaptation hors du commun.

Le point sur la notion de socialité

En éthologie, l'animal social est celui qui a besoin de vivre en groupe. Mué par un instinct grégaire, il recherchera la compagnie de ses congénères pour différentes raisons comme un accès aux ressources alimentaires facilité, des partenaires de reproduction dans l'entourage proche, une coopération dans l'élevage des jeunes, une meilleure protection contre les prédateurs et des apprentissages d'ordre social. De ce point de vue, tout indique que la survie est corrélée à la vie de groupe mais il existe aussi des inconvénients et principalement une compétition accrue pour les ressources alimentaires, d'espace et les partenaires sexuels.

C'est l'évolution des espèces et leur adaptation au milieu de vie qui ont façonné la nature sociale ou solitaire des animaux. Il n'y a pas une option meilleure que l'autre, cela dépendra d'un ensemble d'éléments morphologiques et environnementaux qui ont amené à une efficience de l'espèce.

Ne pas confondre

On oppose souvent les espèces sociales et territoriales mais un animal peut tout à fait vivre en groupe et protéger activement un espace donné. De la même manière, il y a des espèces solitaires qui ne défendent pas ardemment une zone spatiale déterminée. Sur ce dernier point, et si on s'en tient à la définition actuellement admise, alors le chat fait partie de ces espèces.

Alors pourquoi et comment les animaux se retrouvent-ils à vivre ensemble ? Il existe trois critères de base à la socialité : l'interattraction, l'appétition sociale et l'effet de groupe.

- ✓ L'interattraction : il s'agit de stimuli attractifs et spécifiques que les congénères d'une même espèce exercent les uns sur les autres.
- ✓ L'appétition sociale : l'animal est poussé par une pulsion interne à aller vers ses congénères mais, dans ce cas, il n'y a pas de stimuli.
- ✓ L'effet de groupe : c'est l'ensemble des modifications physiologiques et/ou comportementales induites par des stimuli sensoriels provenant du groupe de congénères. Dans ce cas, ce ne sont pas les caractéristiques individuelles qui comptent mais les diverses modifications de chaque individu induites par le milieu social.

En ce qui concerne le chat, il existe une étude largement reconnue sur l'organisation sociale faite par Liberg (Olof LIBERG et al., *Density, Spatial Organisation and Reproductive Tactics in the Domestic Cat and Other Felids*, 2000) et portant sur un groupe de chats harets.

De cette étude ressort que si les ressources sont disséminées, les chats vont se disperser tandis que si les ressources sont concentrées à un endroit alors ils seront capables de se tolérer et de rester en groupe.

Il a d'ailleurs été observé que les femelles se toléraient beaucoup plus entre elles qu'elles ne toléraient les mâles et qu'elles avaient tendance à s'organiser par lignées matrilinéaires (mères-filles).

Toutefois, d'autres observations ont montré que dès que les ressources n'étaient plus en nombre suffisant, qu'elles devenaient rares et étaient disséminées, les chats allaient naturellement et préférentiellement se disperser. Ainsi, la nature solitaire du chat est établie.

Le fait très intéressant de ces différentes observations est certainement la grande plasticité comportementale du chat qui est capable, quand les conditions l'exigent, de tolérer et d'accepter de vivre avec ses congénères.

Il faut aussi garder à l'esprit que même si le chat n'est pas social, il n'en reste pas moins qu'il est doué de codes sociaux qui lui permettent de communiquer avec ses semblables quand il les rencontre aléatoirement ou qu'il cohabite de manière forcée avec eux. Entrent alors en ligne de compte le tempérament de chaque individu, ses expériences propres, sa socialisation qui lui auront conféré une capacité d'adaptation à ses congénères variable.

Certains chats refuseront donc de partager les différentes ressources composant leur domaine de vie tandis que d'autres le feront volontiers. Nous pouvons synthétiser la situation en recommandant de mettre à disposition du chat le plus grand nombre de ressources possibles et disséminées dans l'ensemble de la maison car la compétition en sera moins accrue et la tolérance augmentée.

Ne pas confondre

Quand on parle de ressources, il est facile de penser qu'il s'agit des réserves alimentaires mais éthologiquement, les ressources sont tous les points d'intérêt d'un animal : la nourriture certes mais aussi les lieux de couchage, les objets ludiques ou attirant la curiosité, et l'attention de l'humain !

Mon chat est-il vraiment indépendant ?

Cette notion d'indépendance a parfois servi et parfois desservi le chat. Il y gagne en tranquillité mais il en perd quand il s'agit de couvrir ses besoins. Et le sens que l'on donne à l'indépendance va aussi influer sur la réponse.

Il y a l'indépendance en termes de survie et l'indépendance couramment entendue comme le besoin/la nécessité de solitude. Même si nous venons de voir que le chat était de nature solitaire, on oublie souvent que ces études sont souvent faites sur des chats harets et que les comportements ne sont pas tout à fait les mêmes que les chats de nos foyers.

Ces derniers, nous les avons rendus dépendants, en leur fournissant de la nourriture par exemple. En outre, des centaines d'années, de manière accrue à partir du XXe siècle, de cohabitation rapprochée avec l'humain, de sélection volontaire ou non, ont pu modifier certains comportements et même certains aspects physiologico-morphologiques.

Un chat s'en sortira souvent très bien même s'il se retrouve livré à lui-même dans la nature. Il sera probablement plus difficile, en revanche, pour ceux qui vivent à nos côtés d'apprendre un mode de vie totalement différent de ce qu'ils auront connu à la maison. Surtout s'ils n'ont jamais été confrontés à la vie en extérieur. Encore une fois, cela dépend également de l'individu et certains seront très vite à l'aise tandis que d'autres auront plus de mal à s'adapter. Mais globalement, le chat reste un animal vif, agile et sachant s'adapter plus facilement que d'autres. L'humain n'est alors pas indispensable à la survie de l'espèce comme on le constate à travers le monde, et les différentes populations de chats harets pullulent parfois.

À noter

Bien que les chats aient d'excellentes facultés d'adaptation, il n'en reste pas moins que livrés à eux-mêmes, ils restent victimes de maladies ou de blessures qu'ils ne peuvent soigner seuls. De même que les animaux non stérilisés engendrent une surpopulation malvenue. À ce titre, il est indispensable d'enrayer les abandons et de procéder à la stérilisation des populations de chats errants.

Concernant les câlins et les caresses et le besoin de s'isoler, c'est un peu différent. Autant tous les chats ont besoin de se nourrir, autant les échanges affectifs tels que nous les envisageons en tant qu'humain ne sont pas nécessaires à leur survie. Énormément de facteurs vont influer sur la nature plus ou moins affectueuse d'un chat, comme nous le verrons ultérieurement, mais aucun chat ne naît en étant dépendant des caresses humaines. Bien sûr, nous connaissons tous des chats dits câlins mais nous verrons que dans beaucoup de situations, cela peut être tout autre chose si on se place du point de vue félin.

Donc un chat qui n'aurait pas été particulièrement habitué aux caresses vivra très bien sans, et il relève d'un certain anthropomorphisme que de vouloir couvrir de contacts physiques répétés son chat en imaginant qu'ainsi, on lui prouve notre attachement. Quant à ceux qui repoussent sans cesse les assauts des mains humaines, ce n'est pas tant qu'ils sont « ingrats » mais plutôt qu'ils ont appris à réagir ainsi car leurs limites n'étaient jamais ou peu respectées.

Par méconnaissance de ces signaux de mise à distance, l'humain qui veut absolument habituer son chat aux câlins va surtout le sensibiliser. Résultat : au lieu d'apprécier ces manifestations affectives humaines, le chat va les redouter. Au contraire, l'humain respectueux qui procèdera pas à pas aura toutes les chances de voir son petit félin devenir affectueux.

Pour résumer, l'étiquette d'indépendant correspondrait plutôt à la capacité du chat à vivre et à survivre sans l'humain, sans que cela soit une vérité absolue pour tous les individus. En matière d'indépendance affective, il s'agit surtout du mode de cohabitation et de communication dans une dyade chat-humain donnée qui rendra un chat affectueux ou au contraire un chant fuyant les caresses.

Pas de règle générale donc et comme nous tendons à le démontrer dans ce livre, c'est la compréhension du tempérament et des expériences de l'individu chat qui nous permettra de nous adapter à qui il est.

Les sens du chat expliqués

Nous parlons beaucoup d'individualité car les expériences propres vécues par le chat vont influer sur sa sensibilité et sa réaction aux évènements. Les apprentissages qui découlent de ces expériences vont dépendre, entre autres, des facultés sensorielles de l'animal. Il est important de préciser que malgré une fonction principale, chaque sens est utile à plusieurs comportements.

De même, un sens qui serait privilégié par un chat ne serait pas celui d'un autre, les expériences passées, l'état de santé ou les handicaps comptent énormément. Ce n'est donc pas un classement figé que nous allons dérouler mais une présentation des facultés sensorielles félines en général.

La vue pour bien communiquer

La vision du chat lui est utile à bien des niveaux : pour communiquer, principalement, mais aussi pour chasser et explorer. Mais commençons déjà par comprendre comment son œil fonctionne et de quoi il est composé.

L'œil du chat a une pupille qui peut se contracter pour avoir la forme d'une fente étroite ou se dilater en fonction de l'intensité lumineuse. Bien que plus performant que l'humain dans la pénombre, le chat ne peut pas voir dans le noir total contrairement à l'idée reçue. Quand il fait nuit, l'aspect brillant de ses yeux est dû à une couche de cellules de la rétine, appelée *tapetum lucidum*, qui agit comme un miroir et renvoie la lumière perçue.

Le champ de vision chez le chat est largement plus étendu que chez l'humain car le félin perçoit son environnement à 287 degrés autour de lui contre 180 degrés chez l'humain. Bien sûr, avec les races de chat et les différentes morphologies plaçant les yeux de façon plus ou moins rapprochée, ce nombre peut varier sensiblement.

Cependant, le chat repère difficilement ce qui est immobile et sa vision sera efficiente lors des mouvements. Il suffit de le regarder chasser une mouche pour voir qu'il la suit parfaitement quand nous l'avons déjà perdue du regard depuis longtemps.

Tout cela lui confère d'excellentes qualités pour la chasse mais également pour communiquer avec l'autre : congénères, autre animal ou humain. En effet, le jour ou la nuit, devant ou derrière lui, le chat va parfaitement saisir les attitudes et micro-expressions faciales des individus en présence. Il adoptera alors une réponse comportementale adaptée à son humeur du moment et au signal qui lui est envoyé en adoptant lui-même des postures spécifiques.

Ce besoin d'observation et donc d'analyse de l'environnement se retrouve jusque dans les endroits choisis par le chat : les postes en hauteur, dégagés et donnant sur les allées et venues. Cela lui permet d'être réactif en cas de danger notamment.

L'odorat pour bien connaître son environnement

Le chat vit dans un monde d'odeurs et celles-ci lui fournissent un nombre important d'informations. Son odorat est très développé, bien plus que celui de l'humain mais moins que celui du chien. On comptabilise environ deux cents millions de terminaux olfactifs dans sa cavité nasale, ce qui lui permet de sentir 50 à 70 fois mieux que nous.

Sa truffe est composée de glandes particulières dites de Bowman qui produisent un liquide capable de dissoudre les molécules. Il peut ainsi faire une analyse approfondie des odeurs.

La truffe du chat se trouve donc humide quand il est en activité exploratoire mais, à l'inverse, reste sèche dans les phases de repos. Ainsi, ne vous inquiétez pas si vous sentez le bout de son museau légèrement mouillé quand il revient de la chasse ou découvre un nouvel objet : votre chat a probablement fait tourner son olfaction à plein régime.

Attention : si le nez coule en permanence, forme des amas ou si les sécrétions sont jaunes/vertes, votre chat est peut-être malade et une visite chez le vétérinaire s'impose.

Le petit félin va donc découvrir son environnement via les odeurs et collecter les informations sur les êtres vivants qu'il rencontre. Il est important de concevoir que ce que l'humain va trouver agréable ne l'est pas forcément pour le chat. Il suffit d'observer sa réaction lorsque nous venons juste de nous parfumer : une moue de dégoût parfaitement reconnaissable.

Exit alors tous les parfums pour animaux, les litières senteur chèvrefeuille ou lavande. Cela ne fait sens que pour l'humain et n'est que de la stratégie marketing. Eh oui… Aux dernières nouvelles, nous achetons les produits, nos animaux non. Mais c'est malheureusement très délétère pour leur odorat déjà surdéveloppé. Ces odeurs de synthèse peuvent, à elles seules, pousser un chat à abandonner sa litière…

Bon à savoir

Si vous êtes amateur d'aromathérapie, faites attention car le foie du chat a une déficience de métabolisation de certains composés notamment à cause de son incapacité à produire de la glucuronyltransférase. Ainsi, les molécules contenues dans les huiles essentielles peuvent se révéler toxiques et en particulier quand celles-ci contiennent des phénols. Il vaut mieux prendre conseil auprès d'un vétérinaire spécialisé ou d'un aromathérapeute connaissant l'animal.

Il est donc primordial de respecter l'univers olfactif du chat et de ne pas le saturer avec des odeurs au mieux dérangeantes, au pire carrément stressantes.

L'ouïe pour bien chasser

Encore un sens très développé chez le chat. Ses capacités auditives renforcent son arsenal de chasseur. En effet, son ouïe fine est sensible aux sons de haute fréquence, jusqu'à 50 000 Hz. À titre de comparaison, l'humain est limité à 20 000 Hz. Ce large spectre auditif lui permet de détecter ses proies avant même de les voir. Une étude a montré que les ultrasons émis par les rongeurs sont captés par les chats et que même un chat qui n'est jamais sorti et n'a jamais chassé réagit instinctivement aux sons qu'ils émettent.

Ses capacités viennent aussi de l'anatomie de ses oreilles et de leur placement sur le crâne. Leur pavillon en cornet peut être orienté grâce à vingt-sept muscles, ce qui permet au chat de pivoter chaque oreille indépendamment pour localiser avec précision la source d'un bruit et estimer sa distance. Il n'est pas rare d'ailleurs d'observer ce phénomène chez un chat se reposant ou observant les alentours quand il y a un bruit lointain et difficilement identifiable pour nous.

Nota bene

Ces formidables possibilités auditives peuvent être limitées voire très réduites chez certaines races où la taille, la forme et le placement des oreilles ont été modifiés par sélection génétique. Étant doués d'une forte capacité d'adaptation, ces chats pourront communiquer et entendre quasi normalement mais d'autres seront plus dérangés, notamment s'ils cohabitent avec d'autres chats.

Et si vous vous êtes un jour posé la question de ces chatons qui semblent miauler sans émettre de son, rassurez-vous : ils vocalisent mais vous ne les entendez pas. En effet, pour une question de survie, le chaton peut émettre des sons de très haute fréquence que seule la mère sera en mesure d'entendre.

Tout ceci fait du chat un des animaux à l'acuité auditive la plus fine. Donc pensez-y quand il doit se retrouver occasionnellement dans un environnement bruyant, en l'isolant dans un endroit confortable le temps des festivités.

Le toucher pour s'assurer et se rassurer

Ce sens qui pourrait paraître comme moins important représente pourtant une source d'informations primordiales pour le chat.

Cela peut être lors d'activités individuelles d'exploration, de jeu, de toilettage, de marquage chimique par frottement ou de prédation par exemple. Mais aussi lors des échanges sociaux, pendant les séances d'*allogrooming* (toilettage réciproque à visée sociale), lors des conflits menant aux bagarres ou encore des échanges affectifs avec l'humain. Dans toutes ces situations, le chat va ressentir des sensations au niveau de sa peau.

Formidables capteurs sensoriels, les vibrisses que sont les moustaches, les poils des sourcils et sous le menton sont capables de détecter la présence d'obstacles et de mesurer la largeur d'un passage au contact. De même, dans le noir total, elles permettent au chat de se situer grâce à la détection des variations de la pression de l'air.

C'est pour cela qu'il ne faut jamais couper les moustaches de son chat, il risquerait d'être complètement désorienté !

Bon à savoir

Il arrive que dans une portée, il y ait un ou deux chatons qui aient les moustaches coupées. C'est la mère chatte qui les a grignotées et on suppose que c'est pour garder les chatons les plus téméraires auprès d'elle et contrôler leur éloignement. Pas de panique, ça repousse tout seul.

Il faut savoir également que la peau des coussinets est extrêmement sensible grâce au grand nombre de cellules tactiles réagissant à la plus petite vibration. Pensez-y quand vous choisissez des arbres à chat, des substrats de litière ou des tapis à destination du chat car certains félins les fuiront à tout prix si cela se révèle trop désagréable pour eux.

Le goût pour ne pas se tromper

Au centre de certaines préoccupations d'humains qui considèrent leur chat comme difficile au niveau de la nourriture, le goût est un sens couplé avec l'odorat. En effet, le chat ne goûte pas qu'avec sa langue, l'odeur dégagée par un aliment intervient au moins pour la moitié dans la décision du félin de consommer ou pas un aliment.

Cela s'explique notamment parce qu'en tant que carnivore strict, le chat a besoin de taurine, un acide aminé essentiel pour sa bonne santé. La taurine n'étant pas suffisamment synthétisée par l'organisme du chat, il devra en consommer une certaine quantité pour ne pas avoir de carence. La taurine est présente dans les proies fraîchement tuées et se dégrade rapidement avec le temps. Le chat va donc devoir consommer sa prise rapidement et le régime de charognard ne lui convient donc pas. Son odorat entrera en action en premier afin de détecter si la proie est suffisamment fraîche ou non. Il lui reste ce réflexe bien qu'il soit nourri par l'humain.

Le goût arrive ensuite quand le chat a déjà pris sa nourriture en gueule. Moins développé que chez l'humain, le sens du goût reste bien développé chez le chat qui compte 250 papilles pourvues de 2 000 bourgeons gustatifs. Le chat peut donc goûter un aliment sans avoir besoin de l'ingérer ou de le mastiquer dès lors qu'il le touche avec le bout de la langue.

La langue peut détecter les quatre grands goûts plus un cinquième :

- ✓ Sucré : le chat rejette plutôt cette saveur qu'il perçoit bien mais à laquelle il réagit peu, au point qu'il semblerait percevoir certains édulcorants comme amers.
- ✓ Amer : très bien perçue par le chat, cette saveur l'empêche d'ingérer des substances toxiques.
- ✓ Acide : c'est probablement la saveur que les chats apprécient le plus.
- ✓ Salé : en l'état actuel des connaissances, on ne mesure pas très bien comment le chat perçoit le salé et sa réaction à celui-ci.

✓ Umami : correspondant à la saveur du glutamate, ce goût est perçu par le chat comme la guanosine et l'inosine présentes à l'état naturel dans de nombreux aliments riches en protéines.

On note que la façon de percevoir les saveurs correspond parfaitement au prédateur carnivore qu'est le chat, lui permettant de sélectionner les aliments.

Très sensible aux apprentissages des diverses expériences alimentaires qu'il aura faites, il catégorisera les aliments comme bons ou mauvais. Ces associations sont très fortes, au point qu'un chat malade à qui on va donner sa pâtée préférée pourra finir par en être dégouté puisqu'elle sera associée à la douleur et à l'inconfort par exemple.

Les chats n'apprécient pas tous les mêmes saveurs et cela commence *in utero*. Ce que va consommer la mère chatte va influencer la composition du liquide amniotique ainsi que le lait avec lequel elle allaitera sa portée, ce qui induira déjà certaines préférences alimentaires du chaton. Avec une chatte gestante, il est donc important de varier la nourriture et les goûts pour favoriser la diversité alimentaire des futurs petits félins.

Bon à savoir

Le chat aime le poisson, n'est-ce pas ? Eh bien, c'est faux. Ou, en tout cas, c'est loin d'être une vérité absolue. Déjà parce que le poisson n'est pas dans le régime alimentaire classique du chat et parce que ce dernier est sensible à certains acides animés contenus dans la viande des mammifères. Ainsi, même si certains chats peuvent apprécier le goût du poisson, il est tout aussi normal que d'autres n'en veuillent pas du tout.

Les signaux de communication chez le chat

Vous vous êtes toujours demandé ce que veut dire votre chat quand il cligne des yeux, lorsqu'il miaule dans le couloir, vous lèche la main ou s'allonge sur votre ordinateur ? C'est l'objet de cette partie où nous allons décrypter les différents canaux de communication et leur signification.

Parfois, vous vous rendrez même compte que vous pensiez connaître le sens d'un comportement et que la réalité est tout autre, ceci étant parfaitement normal, puisque le chat et l'humain sont deux espèces particulièrement différentes. Et nous, en bons humains que nous sommes, nous interprétons naturellement les comportements selon notre prisme. Mais l'anthropomorphisme, c'est la limite à une cohabitation saine et sereine puisque de ces incompréhensions peut naître un stress notable et réciproque.

Mais plus d'inquiétude puisqu'à l'issue de votre lecture, vous serez capable de comprendre le sens d'un comportement adopté par votre chat et d'adapter votre attitude en conséquence.

Qu'est-ce que la communication ?

La communication, c'est l'action de communiquer, d'établir une relation avec autrui, de transmettre quelque chose à quelqu'un. Elle peut aussi désigner l'ensemble des moyens et techniques permettant la diffusion d'un message.

La communication peut être directe ou indirecte : le récepteur est présent lors de l'émission du message ou il ne le perçoit que plus tard en fonction des moyens choisis par l'émetteur. De même, pour communiquer, il n'y a pas que l'émission vocale mais aussi la gestuelle, la posture, le regard, le ton employé sachant que cela peut être conscient ou non.

La communication verbale est un mode de communication utilisant le verbe. Le langage articulé est une forme de la communication orale ; la communication verbale est sans doute aussi une forme de langage mais elle ne se réduit pas, ni ne s'assimile au langage.

La communication non-verbale (ou langage du corps) désigne tout échange n'ayant pas recours à la parole. Le langage du corps ne repose pas sur les mots, mais sur les gestes, les attitudes, les mimiques ou les odeurs.

Le paraverbal est une composante de la communication non verbale qui permet d'envisager ce qui est relatif à la voix, tout en excluant une analyse sémantique. Les études traitant du paraverbal s'intéressent au ton, à l'intonation, au rythme d'un énoncé.

En ce qui concerne le chat, la communication est non verbale et paraverbale, et recouvre quatre grands modes : le visuel, l'auditif, l'olfactif et le tactile. Une large palette pour faire passer différents messages.

Le chat peut communiquer pour lui-même, pour s'exprimer sur son état émotionnel par exemple, ou pour et avec les autres, pour indiquer sa présence sur le domaine vital ou encore sa disponibilité sexuelle. Ainsi, il va pouvoir informer les autres, échanger ou demander quelque chose.

La notion de demande, concernant le miaulement principalement, n'est présente qu'avec l'humain puisqu'il est à l'origine de ses ressources vitales. Sinon, le chat étant un animal pour qui l'organisation de son milieu de vie est une préoccupation majeure et n'étant pas social de nature, il n'a pas à demander ou à attendre quelque chose de ses congénères, il est autonome dans son quotidien et pour ses besoins vitaux. À l'exception toutefois du chaton qui, ayant besoin de sa mère, peut lui réclamer de le nourrir, d'être présente, de jouer ou encore de le protéger.

Cette notion de demande est d'ailleurs à l'origine de beaucoup d'erreurs d'interprétation mais surtout d'apprentissage de la part du chat qui se révèleront vite pénibles pour l'humain.

Par exemple, un chat qui va miauler devant la porte-fenêtre pour exprimer sa frustration de ne pas sortir présente à l'origine un comportement spontané. L'humain qui cherche à interpréter ce miaulement va très naturellement penser que son chat lui demande à sortir et lui donne alors accès à l'extérieur. Or, le petit félin va vite associer son miaulement à l'ouverture de la porte et reproduira à coup sûr ce miaulement qui s'en trouve alors dévié de son sens initial.

Connaître et interpréter correctement les comportements de son chat apparaît ainsi comme essentiel à une cohabitation harmonieuse pour l'un et pour l'autre.

Les postures et les mimiques corporelles : « On me voit. »

Communication de type direct, les postures que prend le chat ont pour vocation d'être perçues lorsqu'il est présent. Elles s'adressent à ses congénères éventuels mais aussi aux humains et aux autres animaux qu'ils côtoient.

Pour interpréter de manière juste un comportement, il faut prendre en compte la globalité du corps. Il sera alors important de contextualiser les postures et les mimiques globales et de tenir compte des éventuels apprentissages du chat en question. Cependant, pour qu'il soit plus aisé de comprendre, nous allons détailler chaque partie du corps qui exprime un message.

Les oreilles

Tournées vers l'avant sans exagération, elles expriment une émotion neutre. Quand elles sont dressées vers l'avant, le chat a son attention retenue vers quelque chose comme pendant la chasse par exemple ou face à un objet intrigant.

Quand les oreilles sont sur le côté, plus ou moins aplaties, un peu comme celles de Yoda dans le film *Star Wars*, le chat exprime une émotion d'agacement, de colère. L'intensité de l'aplatissement est corrélée à l'intensité de l'émotion.

C'est quand les oreilles sont vers l'arrière que l'émotion est de l'ordre de la peur. Comme pour la colère, plus les oreilles sont aplaties et plus le chat est effrayé. Un chat terrorisé peut donner la sensation que ses oreilles ont disparu tellement elles sont plaquées sur le crâne.

Les yeux

Grands ouverts, ils expriment une attention portée sur quelque chose alors que mi-clos, ils indiquent que le chat est détendu et n'est pas en vigilance.

En ce qui concerne la pupille, si elle est dilatée, on parle de mydriase et cette dernière peut indiquer que le chat est apeuré, malade ou excité. Le contexte permettra de préciser la signification. Il ne faut pas confondre cependant ces pupilles dilatées avec des pupilles modérément rondes qui ne sont que la réaction à l'intensité lumineuse.

À l'inverse, on pourra voir un chat avec une fente très étroite si la lumière est très forte.

LA TÊTE

Quand la tête est portée haut, le chat est affirmatif et confiant. Si elle est portée vers l'avant, le chat recherche le contact, qu'il soit affectif ou agonistique.

À l'inverse, la tête en retrait et basse indique une volonté de mise à distance, un refus de contact.

Pour apprécier la signification exacte, il faut coupler la posture de la tête avec les mouvements des oreilles et l'ouverture des yeux.

Quand la gueule s'ouvre, que le chat laisse apparaître ses crocs, crache ou souffle, l'intention de menace est claire et, en général, ne porte à confusion pour personne.

La queue

Quand le chat la porte dressée en « i » en allant vers l'autre, elle indique une approche amicale.

Si cette position de la queue, dressée ou tendue vers l'arrière, est accompagnée de poils hérissés (phénomène appelé piloérection), le chat est dans une menace offensive.

En revanche, si la queue est en piloérection mais portée bas, c'est une menace défensive.

Pour faire la différence

Dans une posture offensive, le chat menace l'autre en s'approchant de lui, tandis que dans une posture défensive, le chat veut, en refusant le contact, que celui qui s'approche s'en aille.

Dans les contacts amicaux, le chat va enrouler sa queue autour de son congénère ou des jambes de son humain.

Quand la queue est recourbée sur le dos ou vers l'arrière, comme un pont, cela traduit une émotion positive d'excitation, comme lors d'une séquence ludique.

Le chat qui chasse va porter sa queue très bas. Elle est plutôt souple, de sorte qu'elle ne soit pas perçue par la proie. Chez les chats qui n'ont pas une technique de prédation très développée, on notera que le camouflage laisse à désirer : remuer de l'arrière-train avec la queue qui virevolte, ce n'est pas très discret bien que très cocasse à regarder !

Un cas concerne les femelles entières, c'est-à-dire non stérilisées : pendant leurs chaleurs, elles adoptent une position basse avec l'arrière-train relevé et la queue est « cassée » sur le côté à la base.

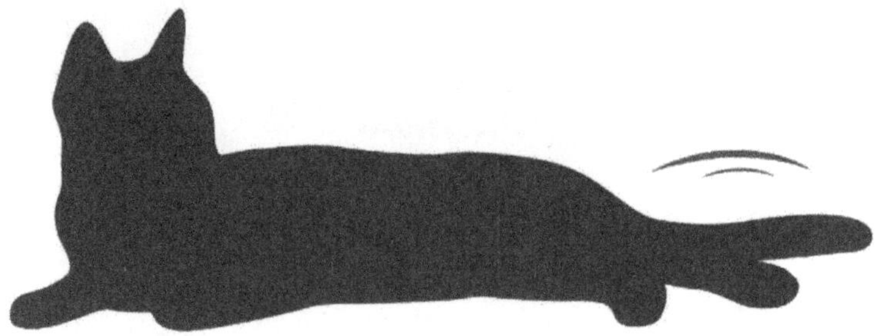

Une queue qui bat traduit un agacement, une émotion négative. Le battement peut concerner l'extrémité comme la queue dans sa totalité. Plus elle bat vite et fort, plus le chat risque d'agresser pour repousser ce qui le dérange.

Un chat dont la queue est repliée sous le ventre ressent une peur marquée.

Enfin, la queue dressée et parcourue de petites vibrations, comme des tremblements très rapides, indique que le chat est traversé par une forte émotion.

Cela s'observe quand l'humain rentre à la maison et que le chat va à sa rencontre ou encore quand la boîte de pâtée est ouverte.

On observe aussi cette vibration lorsque le chat marque avec son urine, qu'il soit mâle ou femelle et qu'il soit stérilisé ou non.

Cette partie du corps du chat est donc très expressive et beaucoup d'émotions passent par cet appendice caudal.

Comme pour les oreilles, les races dont la queue est absente ou très courte comme le manx ou le cymric peuvent avoir des difficultés de communication mais cela concerne aussi les chats ayant eu un accident et s'en trouvant privés.

Le corps

Un chat dressé sur ses pattes peut avoir son attention attirée par quelque chose mais s'il a une piloérection en même temps, il a probablement vu un congénère qui le dérange et il cherche à se montrer plus gros pour le faire partir.

Dans ce cas, il aura tendance à se diriger vers lui en grondant pour le faire déguerpir.

Un chat à la posture basse veut éviter le contact, se mettre en retrait. Si cette posture est accompagnée d'une piloérection, le chat menace plus clairement et indique que si sa distance critique n'est pas respectée, il pourra attaquer.

Ceux qui ont vécu avec un chat ont déjà observé que le félin pouvait avoir une sorte de tressaillement au niveau de la peau de son dos, comme des petites vaguelettes. On appelle cela le *rolling skin*. Il indique que le chat est traversé par une forte émotion et celle-ci peut être aussi bien positive que négative en fonction du contexte.

En reprenant les caractéristiques des parties du corps que nous venons de voir et en les couplant à la posture générale du corps du chat, on saura dans quelle émotion celui-ci se trouve.

En résumé, il faut observer l'attitude globale du chat et prendre en compte le sens de ce que chaque partie du corps vient donner comme détail supplémentaire. Puis, le contexte dans lequel se trouve le chat orientera vers telle ou telle signification. En outre, connaître les expériences vécues par l'individu peut apporter des informations complémentaires et parfois même expliquer un apprentissage particulier au sortir duquel l'attitude du chat pourra vouloir dire l'inverse de la signification initiale.

Derrière l'aspect *a priori* complexe d'interprétation, avec l'habitude et l'entraînement, nous apprenons rapidement à comprendre ce que tel ou tel chat veut dire. Donc prenez du temps, observez votre chat et vous deviendrez vite son traducteur officiel !

Les vocalises : « On m'entend. »

C'est le mode de communication le plus évident pour nous, humains, et le chat apprend rapidement que c'est le meilleur moyen de se faire comprendre. Les vocalises du répertoire comportemental sont, à la base, peu nombreuses parce que le chat est un animal solitaire.

Il communique en différé avec ses congénères, et les vocalises ont pour nature d'être une communication directe. La cohabitation avec l'humain, et encore plus dans les foyers multichats, a poussé ces derniers à étendre leur palette de vocalises.

Le chat va émettre des vocalises diverses et variées pour communiquer sa présence, son mal-être ou son confort, sa disponibilité sexuelle (chaleurs), sa peur ou son excitation (quart d'heure de folie).

Qu'est-ce que c'est ?

Ce que l'on nomme le quart d'heure de folie est une phase de quelques minutes durant laquelle le chat va émettre des sons, courir, grimper, s'agiter, attraper des proies imaginaires entre autres. Il semble à ce moment-là dans une sorte de transe. C'est un comportement tout à fait normal que l'on retrouve chez les chats captifs. Il permet à l'animal de dépenser toute l'énergie accumulée pendant la journée. Il ne faut pas chercher à l'en empêcher sous peine de voir apparaître des comportements adaptatifs qui peuvent déranger les humains.

Il existe une grande diversité de vocalises en fonction de ce que le chat souhaite exprimer. Si cette diversité est apprise lors des trois premiers mois au contact de la mère chatte et de la fratrie, elle s'entretient et s'enrichit en fonction du côtoiement d'autres chats et/ou d'humains.

Ainsi, on retrouve :

- Le miaulement simple et non tenu : il peut exprimer un état émotionnel quelconque à intensité modéré mais aussi une salutation à l'égard de son humain ou d'un congénère.

- Le miaulement long : En fonction du contexte, il peut s'agir d'une salutation appuyée ou d'un apprentissage représentant souvent une demande. En effet, le chat qui a appris que le miaulement déclenchait tel ou tel comportement de son humain pourra appuyer ce miaulement pour indiquer son empressement.

- Le miaulement long et rauque : il peut signifier un grand inconfort, une détresse. Pour le vieux chat, il traduit souvent le stress de la désorientation. Avec un mâle ou une femelle non stérilisée, il est un appel au partenaire pour l'accouplement. Dans ce dernier cas, la femelle alterne des longs miaulements rauques avec des trilles sur une période d'environ sept jours.

- La trille : petit roucoulement guttural. Elle est une salutation joyeuse quand le chat rencontre son humain ou un congénère. Elle peut aussi être émise lors d'une excitation comme le jeu par exemple.

- Le grondement : son profond, gueule fermée. Le chat est en train de menacer soit dans l'offensive, soit dans la défensive. Il est généralement émis quand celui qui dérange n'a pas encore dépassé la distance critique du chat.

- Le grognement : dents découvertes, le chat émet un son plus audible, indiquant aussi une menace. L'adversaire est alors très proche. C'est un signal d'attaque très probable

- Le hurlement : vocalise très bruyante émise par le chat lors d'un conflit, c'est un degré de menace très élevé. L'attaque est imminente si elle n'a pas déjà eu lieu, avant une nouvelle bagarre. C'est typiquement le genre de vocalise que l'on peut entendre quand deux mâles s'affrontent pendant les chaleurs des femelles. Il est souvent fait un parallèle avec des pleurs de bébé, ce qui est déroutant quand on entend des hurlements pour la première fois.

- Le sifflement : gueule légèrement entrouverte, le chat fait plusieurs petites expulsions d'air entre ses dents. C'est une menace légère tout en étant claire, une sorte d'intimidation, généralement émise quand le chat connaît l'humain ou le congénère à qui elle est destinée.

- Le crachement : cette fois, le chat a la gueule bien ouverte et l'expulsion d'air dure jusqu'à trois secondes. La menace est plus forte qu'avec le sifflement, et ne pas mettre de la distance avec le chat peut déclencher une agression.

- Le ronronnement : bien connu des humains, le ronronnement peut indiquer un grand confort du chat lors d'une séance de câlins par exemple. Le chat peut aussi ronronner seul quand il fait sa toilette ou se repose en toute sérénité. Autant cet aspect de plaisir est assez bien connu, autant le ronronnement peut avoir d'autres significations. Quand le chat est stressé, dans une position inconfortable, quand il a peur ou est agacé, il émettra un ronronnement pour s'autoapaiser. Un peu comme lorsque nous sommes stressés et que nous nous rongeons les ongles. Le but étant de gérer son émotion, il est un premier signal que les humains devraient apprendre à repérer pour cesser l'interaction gênante. Cette méconnaissance est à l'origine d'un phénomène très répandu : le caressé-mordeur, que nous évoquerons dans la partie III sur les comportements gênants. Enfin, le chat peut ronronner quand il est malade, blessé ou sur le point de mourir. Comme nous l'avons vu plus haut, le ronronnement possède des vertus permettant au chat de guérir plus rapidement ou de soulager la douleur.

Nous remarquons que beaucoup de vocalises ont une fonction agonistique et c'est normal eu égard à la nature solitaire du chat qui a dû développer des techniques servant à repousser les congénères contre lesquels il cherche à protéger ses ressources. Au contact de l'humain, toutes les vocalises peuvent prendre une tournure différente si le chat apprend qu'il peut en retirer un bénéfice. Donc on va toujours se fier au contexte pour être certain du message qu'il envoie.

Bon à savoir

Certaines races de chat, comme les siamois, les orientaux ou les bengals, ont tendance à vocaliser beaucoup plus que la moyenne. Entre des prédispositions morphologiques et la sélection génétique, il faut le savoir avant d'adopter ces chats car tout le monde ne supporte pas ces miaulements aigus intempestifs.

Les marquages : « On me voit, on m'entend, on me sent. »

Quand on parle du chat, on parle des marquages, mode de communication ultime pour cet animal solitaire. C'est l'action de marquer, de faire ou de laisser une trace, un signe distinctif. Les marquages peuvent être produits par différents moyens, être directement ou indirectement perceptibles et adaptés au message que le chat veut faire passer.

Certains types de marquage sont bien connus tandis que d'autres sont beaucoup plus subtils, en tout cas pour nous, humains, bien que très explicites pour le félin. Il faut encore rappeler qu'il n'y a pas de hiérarchie stricte dans les préférences de marquages et que chaque chat aura son mode privilégié en fonction de ses apprentissages et de l'efficacité de celui-ci. Cette efficacité dépend souvent du contexte dans lequel vit le chat et de la gestion par les humains des différents supports servant aux marquages.

Par les marquages, le chat a pour objectif premier d'indiquer sa présence, de s'approprier un lieu ou un objet, de communiquer sur son état ou ses émotions, mais aussi de s'apaiser en rendant son environnement plus sécure puisque rempli de ses marques propres.

Le chat va donc utiliser quatre modes de marquage pour s'exprimer : les urines et les déjections fécales, les griffades, les frottements et les postures.

Marquage urinaire et fécal

S'il y en a un que tout le monde connaît, c'est bien le marquage urinaire. Moins connu, moins courant et pourtant tout autant chargé de message : le marquage fécal. Il existe une certaine problématique de compréhension dans ces marquages odorants car l'on a tendance à catégoriser ces derniers selon la posture du chat, son sexe, son statut hormonal ou les types de déjection.

Or, il n'en reste pas moins que le chat cherche toujours à passer un message. Hormis dans les pathologies médicales où le chat peut se retrouver à uriner ou déféquer n'importe où, l'intention marquée par le lieu, la posture, la forme est spécifique.

Et pourtant, on a tendance à considérer qu'il n'y a que les mâles qui marquent et ce, dans une position bien précise. Or, tous les chats marquent avec leur urine et leurs fèces, que ce soient les mâles ou les femelles, qu'ils soient stérilisés/castrés ou non.

Bon à savoir

La stérilisation/castration ne va réduire que les marquages d'ordre sexuel. Ainsi, beaucoup d'humains ont malheureusement la déconvenue de voir leur chat continuer d'uriner hors de sa litière même après qu'il a été opéré car le message qu'il cherchait à exprimer a une signification tout autre que la recherche/l'appel d'un partenaire sexuel.

L'erreur est d'ailleurs souvent commise de parler des marquages sexuels d'un côté et de malpropreté de l'autre. Comme si les premiers étaient normaux et la seconde pathologique. Or, sauf si le chat souffre d'un problème médical, les éliminations hors litière sont tout à fait normales du point de vue du chat qui cherche à exprimer quelque chose. C'est un comportement adaptatif face à un inconfort, un stress, une frustration. La litière ne convenant pas ou ne suffisant pas à faire passer le message assez fort, alors le chat choisira d'autres options. Nous parlerons d'ailleurs spécifiquement d'éliminations hors bac et non de malpropreté. Ce terme qui impliquerait que le chat est dysfonctionnel est complètement obsolète : ce n'est pas parce qu'un comportement est dérangeant pour l'humain que le chat a un problème ! Nous verrons toutes les raisons pour lesquelles un chat peut abandonner sa litière dans la partie III p.111 (Éliminations hors litière). Mais attachons-nous pour l'instant à comprendre le fonctionnement de ce type de marquage en situation normale.

Les postures du chat lorsqu'il élimine vont toujours être plus ou moins les mêmes. On parle dans ces cas-là d'éliminations consistant en la vidange de la vessie ou de l'intestin. Cela dit, même lors de ce genre d'élimination, le chat ne choisira jamais au hasard son endroit, celui-ci aura toujours vocation à indiquer au moins sa présence. Le chat sera alors principalement accroupi, la queue légèrement relevée, après avoir reniflé l'endroit plus ou moins brièvement.

Puis, quand le chat va avoir pour objectif de marquer spécifiquement un endroit ou un objet, mâles et femelles peuvent être debout ou accroupis et faire de grosses flaques ou des petits spots concentrés.

C'est l'efficience du message qui amènera le chat à choisir telle ou telle façon de faire. S'il faut marquer le sol ou un espace assez large, s'accroupir pour libérer une flaque conséquente sera tout à fait approprié. En revanche, marquer un objet en hauteur ou vouloir que le message soit perçu de loin et par le plus grand nombre rend évidente la position debout (vous savez, quand on voit une belle trace dégoulinante le long du mur…).

De même, plus l'urine sera concentrée dans un petit spot et plus le message à faire passer sera fort. Ces spots se retrouvent d'ailleurs aussi bien au sol qu'en hauteur, chez des animaux stérilisés ou non.

Concernant le marquage fécal, on retrouvera une selle bien moulée déposée dans un lieu stratégique et généralement très visible. Ce marquage est beaucoup plus rare que le marquage urinaire. Il faut toujours amener son chat chez le vétérinaire pour s'assurer qu'aucune cause médicale ne puisse être soupçonnée.

En effet, l'intensité de ce marquage indique un réel stress du chat et s'atteler à ce que ce comportement s'exprime dans une litière demandera d'être certain de la santé de l'animal afin de s'occuper sereinement des causes comportementales.

Le marquage urinaire peut être orienté vers tous les types de support possibles et imaginables du moment que le chat y trouve un intérêt. Cela peut être dans des espaces couverts ou à l'extérieur, des objets (du plus petit ou plus gros) comme un chausson, jusqu'à la machine à laver et même sur l'humain directement ! Nous verrons ultérieurement ce que cela peut signifier et comment faire en sorte de ne pas subir ces désagréments.

Marquage par griffade

Pour continuer dans l'expression d'une communication éprouvée par tout humain qui a déjà possédé un chat : les griffades.

Ne pas confondre

On parle de griffades pour les marques visuelles effectuées par le chat sur différents supports et de griffures lorsque ce dernier a eu besoin de se défendre ou d'exprimer un inconfort en blessant, plus ou moins, celui qui les reçoit.

Les griffades, comme tout bon marquage, sont un moyen pour le chat de communiquer et d'exprimer sa présence. Et ce, bien avant l'explication longtemps et encore avancée d'user ses griffes. C'est en fait la conséquence de l'action mécanique de griffer qui lime les phanères, mais le chat n'en a pas conscience. On voit d'ailleurs que certains chats qui ne sortent pas ont les griffes des postérieures bien trop longues. Normalement usées par les sauts et cabrioles dans le jardin, elles en deviennent alors gênantes voire blessantes si elles ne sont pas coupées par l'humain.

Les griffades ont un intérêt visuel, puisqu'elles seront perçues de loin, et surtout elles persistent dans l'environnement. En effet, cela ne vous aura pas échappé qu'avec les intempéries et les aléas extérieurs, les déjections vont s'effacer au fil du temps. Ainsi, les griffades sont une manière sûre pour le chat de dire qu'il est bien là car elles résistent aux évènements climatiques et environnementaux. Ce comportement est ancré depuis si longtemps qu'il persiste aussi pour nos chats d'intérieur pour lesquels les conditions météorologiques n'ont pas d'impact.

C'est aussi un moyen de marquer une large gamme de supports, et vos meubles, tapis et autres objets en ont d'ailleurs peut-être déjà fait les frais. Les griffes du chat sont acérées car elles sont aussi une arme efficace pour la prédation et la défense en cas d'agression. Hormis donc des matériaux très résistants, peu de choses résisteront aux assauts du petit félin.

Les chats vont globalement utiliser la même façon de faire bien qu'ils puissent s'adapter à l'objet visé. Ils sont debout sur les pattes arrière et griffent avec leurs antérieures de haut en bas. Voilà. Ça, c'est pour la partie classique.

Mais, comme évoqué précédemment, si le support n'est pas parfaitement vertical et adapté, le chat peut s'accroupir voire s'allonger, tourner autour de l'objet et, dans certains cas même, avoir la tête en bas. Quant au support horizontal, le chat procédera de la même manière mais les quatre pattes seront au sol.

On observera aussi que l'intensité des griffades va varier selon le contexte dans lesquelles elles sont produites. Elles peuvent être plus ou moins audibles, et ce n'est pas un hasard. Ce marquage est fait pour être vu, certes, mais aussi pour être entendu. Et c'est sûrement la partie la plus méconnue de ce type de traces. N'avez-vous jamais remarqué que lorsque vous recevez des visiteurs, ou que votre chat rentre de l'extérieur ou encore après une excitation notable, il va lacérer son griffoir de manière plus forte, plus soutenue, plus sonore ? En plus d'être une façon de libérer une certaine tension, c'est un moyen d'exprimer plus fort sa présence. Sont alors choisis préférentiellement des supports permettant cette production auditive.

Dernier aspect des griffades, et non des moindres, c'est qu'elles permettent aussi le dépôt de molécules chimiques – classiquement appelées phéromones – au contact de l'objet.

Ainsi, la gamme de signaux de communication est quasi complète puisqu'en plus d'être vues, entendues, les griffades seront aussi senties. De quoi ne plus voir ce comportement si commun de la même manière.

Après la façon de faire, nous allons nous pencher sur les types de supports choisis. Nous avons vu que le chat pouvait faire ses griffes à la verticale comme à l'horizontale. Il y a une histoire de préférence individuelle mais aussi d'intérêt quant à l'objet marqué. Pour être vus de loin, les chats feront leurs griffes sur des objets verticaux, et pour souligner l'aspect odorant et ciblé, ils choisiront plutôt un support horizontal. En tout cas, s'ils ont le choix… Des sacro-saints angles de canapés aux chaises en rotin, du mobilier en bois tendre aux murs, tapis et paillassons, du sommier de lit aux boîtes en tissu et bien évidemment aux griffoirs et arbres à chat. Tout y passe pourvu que le message soit perçu ! Alors, rassurez-vous, la destruction de votre habitat n'est pas inéluctable. Encore faut-il comprendre pourquoi le chat a tant besoin de griffer, où, comment et dans quel but. En vous adaptant à ses critères, vous aurez la joie de découvrir les griffades de votre chat où vous voudrez. Mais un peu de patience, cela sera évoqué dans la partie III p.168 (Griffades).

Il faut aussi garder à l'esprit que tous les chats ne sont pas des griffeurs invétérés. Comme pour tous les comportements, l'apprentissage que l'individu en aura retiré intensifiera ou diminuera la pratique.

Il faut ajouter aussi la fonction de détente physiologique que procure l'action de griffer. Assez similaires à l'étirement, les griffades permettent aux chats d'étendre leurs muscles, leurs articulations et ligaments. L'occasion du réveil est alors toute trouvée pour aller se pendre au premier griffoir venu. Et comme pour tous les marquages, quand le chat est stressé, il redoublera ces comportements qui l'apaisent et le rassurent. C'est pourquoi lors d'évènements favorables ou quand le quotidien est anxiogène, le petit félin recourra à ce mode d'expression. Il s'apaise par ses marquages et par la détente physiologique que cela lui procure.

Vous l'aurez compris, inutile de vouloir empêcher un chat de faire ses griffes. Sinon, c'est la catastrophe assurée !

Marquage chimique

Nous voici dans le monde invisible du chat. En tout cas, insoupçonnable pour nous car c'est une grande partie du mode d'expression des félins. C'est en se frottant avec certaines parties de son corps sur ce qui compose son environnement ou sur son humain, que le chat communiquera.

Nous devons tout d'abord faire un point sur ce que l'on appelle classiquement les phéromones. Basiquement, elles sont définies comme des molécules chimiques produites par un organisme qui induisent un comportement spécifique chez un autre membre de la même espèce. Mais la réalité scientifique est plus complexe et les phéromones sont strictement définies par plusieurs critères. Or, la seule espèce de mammifère chez qui les phéromones ont pu être réellement identifiées selon ces critères est le lapin. Il est donc scientifiquement erroné de parler de phéromones chez le chat dans l'état actuel des connaissances. Nous pouvons plutôt parler de sémiochimique qui est une substance chimique émise par un organisme dans l'environnement et qui a valeur de signal entre les êtres vivants. Nous pouvons aussi évoquer encore plus simplement des molécules chimiques sans risque de se tromper.

Quoi qu'il en soit, le chat émet ces molécules chimiques pour plusieurs raisons et l'une d'elles est le marquage, encore une fois pour communiquer. Ces molécules sont produites par des glandes exocrines, c'est-à-dire à l'extérieur du corps. Le chat en possède à plusieurs endroits tels que :

✓ la face, au niveau de la zone entre l'oreille et l'œil, des joues, des lèvres et du menton ;

✓ la région périanale au-dessus et à la base de la queue et autour de l'anus ;

✓ le complexe podal qui comprend les coussinets plantaires et la zone entre les doigts.

On parle aussi de la zone urogénitale qui contient des glandes sébacées et des glandes mammaires qui seraient émettrices de molécules chimiques. Mais rien n'est encore prouvé à ce sujet même si on retrouve bien ces molécules dans l'urine par exemple.

Le chat va capter ces molécules chimiques par l'organe voméronasal, ou organe de Jacobson, du nom de celui qui l'a découvert, situé tout au fond et au-dessus du palais. Le chat va ouvrir sa gueule, retrousser ses babines et aspirer ces molécules.

Ce comportement est appelé *flehmen* et tout possesseur de chat reconnaîtra bien cette description qui donne souvent au chat un air un peu, disons, béat… C'est probablement la conséquence et le temps d'effet des molécules chimiques inhalées, mais globalement cela dure quelques secondes. Dans des situations extrêmes ou de fort stress, le chat peut également aider à l'absorption des sémio-chimiques en appuyant sa langue contre son palais de manière un peu frénétique afin de prendre rapidement connaissance des informations données. C'est le cas notamment lors d'un conflit entre deux congénères qui vocalisent en même temps et qui produisent donc un son entrecoupé faisant penser qu'ils mâchent quelque chose.

Ces différentes substances ont été classées dans plusieurs catégories, il y aurait des molécules :

- ✓ de marquage de l'environnement,
- ✓ de reconnaissance sociale,

- ✓ de marquage sexuel,
- ✓ de régulateur émotionnel,
- ✓ d'alarme,
- ✓ déclenchant la recherche de la mamelle par le chaton.

Ainsi, notre petit félin disposerait d'une large gamme de communications chimiques selon le message à faire passer. Il va utiliser certaines ou la quasi-totalité de son corps en se frottant pour déposer ces molécules dans son environnement, sur un congénère, un humain ou une autre espèce.

Comme pour tous les marquages, certains chats en sont plus adeptes que d'autres mais on peut observer que chez les chats ayant un stress quotidien, les frottements sont plus fréquents. Le comportementaliste va d'ailleurs obtenir cette information chez les personnes en observant les coins de murs ou de meubles et remarquer des taches brunes ou noirâtres que l'on peut essuyer et voir sur un essuie-tout.

Quid des phéromones de synthèse ?

Nous ne les utilisons pas et ne les recommandons pas. Nous estimons qu'un problème pouvant induire du stress chez le chat doit être réglé et qu'il ne faut pas en camoufler la cause. Les retours des humains les ayant testés étant, en outre, assez révélateurs de leur inefficacité (ces phéromones pouvant même aggraver le problème initial), nous restons persuadés qu'il ne faut pas saturer encore plus le sens olfactif du chat.

Marquage postural

Type de marquage plutôt méconnu et peu mis en avant, il est pourtant un puissant moyen de communication pour le chat. La posture de ce dernier laisse peu d'équivoque quant à sa volonté d'indiquer sa présence dans le lieu ou sur l'objet ciblé. C'est une communication directe, perçue instantanément par les individus dans l'entourage. C'est donc le seul marquage qui ne persiste pas en l'absence du chat mais sa force réside dans la puissance du message émis : « Je suis là / C'est à moi. » Nous appelons cela la Position d'occupation de l'espace (POE).

Classiquement, le chat est allongé sur le flanc, plus ou moins alerte, et spécifiquement aux endroits de passage, comme devant une porte ou un escalier, sur un objet visible et usité comme un ordinateur, un canapé ou une table basse. C'est le cas typique de votre cher compagnon qui s'installe « nonchalamment » sur les papiers que vous êtes en train de trier sur la table, sur le linge fraîchement repassé que vous êtes en train de ranger, la valise des vacances que vous êtes en train de composer…

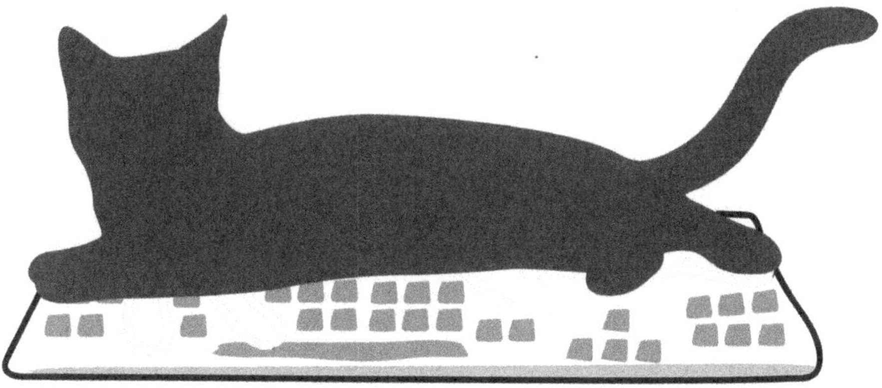

Et parfois même directement sur vous quand vous êtes paisiblement installé dans votre canapé.

Le problème est que les humains non avertis prennent souvent cela pour une demande de caresse ou d'attention alors que le message du chat est tout autre. Bien sûr que votre chat peut venir sur vous pour une demande affective mais pas uniquement et pas tout le temps. Si vous commencez alors à le caresser, il peut s'en aller ou finir par vous mordre, parce que ce n'est pas ce dont il avait envie. Ce qu'il voulait, c'était vous dire : « Tu es mon humain. » Comme il peut dire : « Ce nouvel objet est à moi » ou « Regarde-moi bien, je te dis que je suis là et bien présent ». Évidemment, votre chat ne se dit pas ces mots-là. Ces phrases servent à illustrer le concept qu'il faut retenir.

Certains chats particulièrement adeptes de ce marquage postural seront têtus si vous cherchez à les déplacer et reviendront inlassablement et avec de multiples stratégies pour reconquérir l'objet ou le lieu convoité. C'est ainsi que certains conflits entre chats s'observent quand l'un décide de venir s'installer et déloger l'autre de l'endroit en question.

Alors ça menace, ça souffle, ça donne des coups de pattes ou ça peut même aller jusqu'à ce que l'un des chats s'allonge quasiment sur l'autre. Le résultat dépendra de la relation entre les deux animaux, de leurs velléités de possession de l'endroit ou de l'objet et de l'apprentissage retiré de cette situation précédemment vécue.

Nous avons parlé de la position allongée sur le flanc mais elle est variable et adaptable à l'objet concerné. Ainsi, le chat peut aussi s'asseoir, prendre la position du sphynx (allongé, les pattes antérieures ramenées sous lui) et être plus ou moins alerte.

Pour résumer : il est nécessaire d'intégrer que ce mode de communication est un marquage régulier, fréquent qui permet au chat de dire beaucoup de choses. Évitez de le déloger si le contexte n'y oblige pas et permettez au contraire à ce comportement de s'exprimer en enrichissant le milieu de vie de votre compagnon.

Les contacts tactiles : « On me ressent. »

Ici, nous aborderons, d'une part, les échanges intra- et interspécifiques puis, d'autre part, les contacts du chat pour lui-même car les comportements observés n'auront pas du tout les mêmes significations.

Les contacts intra- et interspécifiques

On s'imagine probablement que le chat étant un animal non social, les contacts tactiles doivent être peu représentés chez lui.

Or, ils sont bien présents et ont plusieurs fonctions. Certes, non social au regard de la définition, le chat est pourtant capable de s'adapter à son environnement. Des siècles de cohabitation avec l'humain ont certainement développé ses modes de communication et sa palette de codes sociaux dont les échanges tactiles font partie.

Pour comprendre, revenons à l'origine de cette communication chez le chat. Initialement, il n'y a que lorsque les individus se croisaient que des contacts physiques étaient possibles : lors des conflits ou de la reproduction. Les premiers échanges connus étaient ceux du chaton avec sa mère lorsqu'elle le lèche à la naissance pour le nettoyer du liquide amniotique et du placenta et l'imprégner de son odeur.

Puis lorsqu'elle le toilette avec sa langue, ses pattes, l'empêchant de se soustraire à la manœuvre, lorsqu'elle lèche la zone périanale pour évacuer les déjections et qu'elle se recroqueville en ronronnant le temps de la tétée.

Ce contact est tellement nécessaire que toutes les études qui ont été faites sur la privation tactile maternelle ont démontré que les conséquences psychologiques et comportementales étaient énormes.

Ce contact, c'est le pelage certes, mais aussi la chaleur, l'odeur, les bruits du ronronnement… Tout un monde sensitif en somme qui éveille le chaton au fur et à mesure de son développement.

Puis quand toute la fratrie a pris son envol et que chacun évolue de son côté, arrivent alors les conflits concernant l'occupation de l'environnement : les contacts sont par essence beaucoup moins agréables. Il y a aussi la recherche d'un partenaire sexuel mais l'accouplement et le contact physique sont très rapides et n'ont pas d'autre but que la reproduction.

C'est quand les chats ont commencé à vivre avec d'autres congénères, de manière plus ou moins forcée, qu'il leur a fallu avoir des comportements pour réguler les échanges sociaux.

De même avec l'humain quand les deux espèces ont été plus intimes. On observe alors deux grands types de contacts : les léchages et les frottements. Les deux sont souvent liés au dépôt des molécules chimiques et d'odeurs, et ne pourront s'observer que si le chat est à l'aise avec le congénère ou l'humain.

Le frottement bref, non répété et en dehors de tout apprentissage, consiste en un simple contact. Il pourra être amical ou, dans certaines situations, représenter une demande de distanciation. Le frottement peut aussi relever d'un apprentissage.

En effet, un chat qui aura appris que se frotter – et souvent miauler en même temps – contre les jambes de son humain permet l'accès à une ressource, reproduira ce comportement pour obtenir cette ressource et non pour sa fonction originelle.

Quand le frottement au contraire est insistant, répété, appuyé, alors il y a une volonté de marquer l'autre de ses odeurs, de créer un contact plus significatif. Avec les autres chats, en dehors du partage d'un lieu pour dormir, le frottement s'observera surtout dans l'entrelacement des queues de chats amis.

Avec l'humain, ce qui peut être déstabilisant, c'est l'interprétation de ce comportement selon le contexte. En effet, le chat détendu, les yeux mi-clos, lors d'une séance de câlins, pourra renforcer le lien avec son humain lors du frottement.

Au contraire, s'il est alerte, remuant, voire ronronnant, cela sera une demande de mise à distance. Si cette dernière n'est d'ailleurs pas respectée, le chat peut finir par mordre la main de son humain. Cela s'appelle le caressé-mordeur et nous l'expliquerons dans la partie sur les signaux de stress. C'est l'ensemble du contexte qui permettra de déterminer la signification du frottement.

Au niveau des léchages, quand ils sont à destination de l'humain, nous retrouvons les mêmes explications que pour les frottements : le tissage du lien social ou la demande de distanciation. Avec les congénères, on appelle cela l'allotoilettage ou *allogrooming.*

C'est un comportement social qu'on observe chez deux chats qui s'entendent très bien. L'*allogrooming* renforce les liens entre les deux individus et permet, par la même occasion, de prendre connaissance des odeurs de l'autre et d'y déposer la sienne.

Cependant, vous avez peut-être déjà fait l'expérience de deux chats qui ne s'entendaient pas spécialement bien mais dont l'un des deux pouvait se mettre à lécher l'autre. Nous sommes alors dans une tout autre signification.

La situation la plus classique est lorsqu'un chat A dort paisiblement sur le canapé, l'arbre à chat ou le lit et que le chat B arrive et commence à le lécher. Ce léchage est appuyé, insistant, et on peut même voir des petits mordillements. C'est une demande de B faite à A de déguerpir pour lui laisser la place.

Ces deux individus s'organisent ensuite selon leur tempérament et l'apprentissage tiré des expériences passées : A pourra laisser sa place, B peut abandonner, A et B peuvent entrer en conflit ou A et B finissent par dormir à la même place. Quoi qu'il en soit, laissez-les s'organiser sans ingérence de votre part au risque sinon d'envenimer la situation.

Les contacts du chat pour lui-même

On parle cette fois du toilettage ou de l'autotoilettage, qui permet au chat de goûter les odeurs qu'il a sur lui, de remettre la sienne comme une sorte de *reset* olfactif mais aussi d'enlever les poils morts.

Sorte de communication autocentrée où l'émetteur et le récepteur du message sont le même individu, le toilettage est un comportement très important pour le chat. On observe un ordre dans la séquence comportementale qui se nomme l'enchaînement céphalocaudal : le petit félin débute sa toilette par la tête et finit par la queue.

Le chat se toilettera à des moments particuliers de la journée, comme au retour d'une balade, après avoir mangé ou avant de dormir, mais toujours quand il se sent en sécurité et que sa vigilance peut être moindre. En moyenne et cumulé, le chat se toilette environ 1 heure 30 par jour, en ayant effectué des sessions d'environ 6 à 7 minutes. En fonction de la partie du corps visée, il se lèchera, frottera avec la patte, mordillera ou grattera. Un chat qui ne ferait plus ou peu sa toilette montre qu'il n'est pas en forme, soit sur le plan médical, soit sur le plan comportemental, mais la situation devrait toujours être préoccupante.

Pour faire la synthèse de cette deuxième partie, on notera que celui qu'on aime qualifier d'indépendant, de solitaire est en fait un grand communiquant. Simplement, il développe des modes de communication qui ne sont pas si évidents pour nous, humains.

Il faut, pour comprendre, savoir comment le chat fonctionne et se mettre à son niveau sensoriel, intégrer ses besoins physiques et comportementaux, être attentif et désireux de rentrer dans cette communication.

Car nous verrons dans la partie III Solutionner les comportements gênants p.109 que beaucoup de comportements félins gênants pour les humains relèvent d'une incompréhension ou d'une méconnaissance. Et il n'y a pas de honte à avoir à ne pas savoir. Une grande partie de l'activité du comportementaliste réside dans l'explication de ces notions aux humains qui nous appellent. On peut tout à fait avoir un chat ou avoir eu plusieurs chats dans sa vie et ne pas maîtriser tous les sujets. Comme on peut conduire une voiture depuis plusieurs décennies et ne pas être mécanicien. 😉

Signaux de stress et de confort : comprendre pour respecter

Quel humain ne se pose pas la question de savoir si son chat est heureux ? S'il est mal ou stressé ? Et c'est bien normal car nos signaux de stress et de confort peuvent être très différents de ceux de nos animaux, parfois difficiles à interpréter.

Il est pourtant primordial de les connaître pour le bien-être de nos compagnons, pour réajuster ce qui ne va pas et être satisfait quand ils sont épanouis. Nous allons lister ces signaux, les détailler et donner des exemples des situations dans lesquelles ils peuvent être émis.

Signaux de stress : quand ça ne va pas

Nous allons parler ici des signaux de stress négatif. En effet, l'idée généralement répandue est que le stress est toujours négatif. Or, le stress peut être positif et même nécessaire à la survie : une gazelle qui aperçoit un lion va ressentir de la peur, ce qui provoquera une décharge d'adrénaline lui permettant de détaler au plus vite et d'échapper au prédateur.

Ce qui est nocif dans le stress, c'est la répétition et l'intensité. Le stress chronique est dangereux, il paralyse mentalement et finit par avoir des conséquences délétères sur l'organisme. Il n'est d'ailleurs pas question qu'un individu ne vive aucun stress, ni aucune contrainte, c'est tout simplement impossible. Il existe parfois des frustrations que l'animal apprendra à surmonter ; cela est même nécessaire pour la construction et le renforcement de sa gestion émotionnelle. Chercher à soustraire son animal à toutes les situations stressantes, c'est prendre le risque qu'il vive n'importe quel évènement de manière disproportionnée. Il ne faut pas pour autant provoquer des situations stressantes consciemment, c'est la vie qui se charge des aléas et il y en a bien assez.

Ce qu'il faut absolument éviter, c'est le stress répété, qui s'installe soit parce qu'on ne voit pas que son animal n'est pas bien, soit parce qu'on s'en doute mais qu'on ne sait pas quoi faire ni d'où ça vient. Pour illustrer ce que nous venons d'évoquer, nous allons détailler les signaux de stress passager, ceux qui montrent qu'une émotion dite négative traverse votre animal à un instant donné et les signaux de stress durable, les indicateurs d'un réel mal-être persistant chez un chat.

Les signaux de stress passager

- La mydriase, c'est quand vous remarquez que les pupilles de votre chat sont dilatées, rondes et noires. On ne voit presque qu'elles. Regardez quand vous sortez la cage de transport et que vous tentez d'y mettre un chat qui déteste ça…
- Une queue hérissée est le signe d'une frayeur quand elle est rabattue vers le bas ou d'une colère offensive face à un congénère quand elle est dressée.
- Une queue qui bat, plus ou moins frénétiquement, dans son ensemble ou juste à son extrémité, est un signe d'agacement. Plus ce dernier est intense et plus la queue battra fort. Allez déranger un chat qui dort pour voir…
- La morsure est signe plutôt évident d'inconfort. Elle est plus ou moins forte, plus ou moins tenue, mais le chat indique ainsi à l'autre qu'il ne désire pas être approché ou qu'il désire faire fuir l'autre. Nous parlerons en détail du caressé-mordeur, typique du chat câliné qui ne souhaite pas l'être.
- L'agitation est le signe d'une émotion négative face à laquelle l'animal tente de s'adapter par le mouvement et la dépense énergétique. Par exemple, quand un chat qui sort se voit contrarié dans ses habitudes d'accès à l'extérieur.

- Une piloérection, c'est-à-dire quand les poils de la crête dorsale ou du corps entier se hérissent. Visualisez la boule poilue que peut devenir le petit félin qui aperçoit un congénère dans SON jardin.

- Les oreilles en arrière ou sur le côté, signifiant respectivement la peur ou la colère, sont un bon indicateur du ressenti du chat. Regardez quand Minet aperçoit par la porte-fenêtre un congénère qui s'aventure dans son jardin…

- Le halètement indique un stress très intense. Le cœur du chat bat si vite que le félin doit se ventiler. Il faut absolument faire cesser la situation rapidement.

- Le léchage de l'épaule ou des parties génitales, de manière rapide, non coordonnée et hors d'une séquence de toilettage, informe que le chat vit une situation conflictuelle. Signe qui a tendance à passer souvent inaperçu, il se remarque finalement assez bien quand on y prête attention. Si vous mettez trop de temps à ouvrir la porte ou à distribuer la pâtée, s'il y a trop de bruit ou si vous le délogez de sa place, vous verrez sûrement votre compagnon le faire.

- Le *rolling skin* désigne l'espèce de frisson qui traverse votre chat. Cela fait comme des vaguelettes le long de la colonne vertébrale qui tressautent. Très courant et assez connu, ce signal indique une forte émotion (pas toujours négative) ressentie par le chat.

- La transpiration est le signal d'un stress intensément ressenti. Il n'est pas rare que l'on en retrouve des traces sur la table d'auscultation du vétérinaire quand les chats sont terrorisés.

- Le vidage des glandes annales comme la transpiration sont clairement assimilables à une vraie frayeur. Encore une fois, les vétérinaires qui en font l'expérience pendant une consultation s'en souviennent bien car l'odeur est assez insoutenable…

- Le cri ou le hurlement peuvent s'entendre entre deux chats en conflit ou dans toute situation où le chat se sent menacé. Nous dédicaçons spécialement cet exemple à nos chères nuits d'été rythmées par les bagarres félines…

- Une posture basse nous informe que le chat cherche à se soustraire à une situation plus ou moins désagréable. Approchez-vous de votre chat pour lui donner un médicament, et vous verrez ce qu'il en est…

- Les pellicules, quand elles ne sont pas dues à un problème médical, peuvent apparaître soudainement dans une situation de stress. Elles disparaissent en général dans les 24 heures. C'est un phénomène connu de certains éleveurs quand ils emmènent leur chat en exposition par exemple.

- Une diarrhée et/ou une miction soudaine et directement consécutive à l'évènement s'observe si le chat a eu très peur. Pour les chats effrayés par l'orage, un fort coup de tonnerre peut déclencher cela, comme une attaque de chien inopinée.

- Le ronronnement quand un chat caressé ne le souhaite pas.
- Tous ou plusieurs des quatre types de marquage directement consécutifs à l'évènement (éliminations dans ou hors du bac, griffades, frottements et position d'occupation de l'espace).

Les signaux de stress durable

En plus des nouveaux points de vigilance, nous pouvons retrouver une partie des précédents signaux mais ils seront cette fois régulièrement émis, plusieurs fois par jour et non consécutifs à un évènement précis.

Pour ce qui est du stress durable, n'importe quelle situation anxiogène persistante peut entraîner un mal-être général. On peut voir certains des signaux suivants :

- Un manque d'attention/de concentration car le chat n'arrive plus à se mobiliser face à la situation et va décharger son stress par l'activité physique.
- À l'inverse, une absence d'intérêt, une insensibilité, une apathie peut s'observer car la stratégie d'adaptation de l'animal sera de se couper sensoriellement de son environnement et des agents stresseurs.
- Une hyperréactivité, une hypervigilance est souvent repérée : le chat n'étant pas serein, il a besoin d'être alerte en permanence, surtout quand les éléments déclencheurs sont un envahissement de son espace personnel, un franchissement de sa distance critique.

- Des agressions ciblées vers un individu (chat, humain, autre animal) qui est à l'origine du traumatisme sont possibles et sans forcément que ledit individu ne se soit intéressé au chat à ce moment-là.

- Des agressions redirigées s'observent également, c'est-à-dire que le félin va attaquer un individu (chat, humain, autre animal) sans que celui-ci ait une quelconque responsabilité dans l'état émotionnel du chat.

- Des stéréotypies peuvent apparaître dans des situations extrêmement stressantes comme la captivité et une forte restriction spatiale. Elles sont un ensemble de comportements répétitifs, rythmés et sans but apparent, comme celui, tristement connu, du lion en cage qui refait sans cesse le même parcours…

- La soif ou l'appétit peuvent être augmentés.

- Des grattages ou léchages excessifs jusqu'à l'automutilation sont parfois le signe d'un mal-être latent et profond de l'animal qui redirige contre lui-même son activité de substitution.

- Des allers-retours à la litière avec ou sans élimination et/ou avec grattage des parois du bac pendant plusieurs minutes sont couramment relevés.

- Une perte de poils nommée alopécie consécutive à des léchages ou non et apparaissant cycliquement est possible. Les cycles correspondent souvent au climax d'une situation anxiogène, comme par exemple en hiver quand les chats sortent moins.

- Des pellicules, persistantes cette fois, peuvent être visibles.
- Des diarrhées et des mictions quotidiennes (hors maladie identifiée par un vétérinaire) sont parfois relevées.
- Des vomissements (d'un jaune mousseux) sont également notés.

Il est important de noter ici que beaucoup de manifestations du stress durable peuvent également être des symptômes d'une pathologie. En cas d'apparition d'un seul de ces points, il faut sans attendre consulter un vétérinaire pour mettre en place le traitement d'une cause médicale.

Même sans cause médicale identifiée, il est, de toute façon, fort probable que le système immunitaire est très affaibli dans un état de stress persistant. Un traitement des symptômes physiologiques devient nécessaire en plus de l'élimination des facteurs anxiogènes pour que le chat se rétablisse.

Afin de prévenir le stress de votre compagnon, qu'il soit passager ou durable, sachez qu'il existe quatre grandes catégories d'évènements pouvant en être à l'origine :

- La nouveauté, comme l'arrivée d'un bébé ou encore un déménagement ;
- L'incertitude, comme des accès à l'extérieur non ritualisés ;

- Le conflit, comme la cohabitation forcée avec un congénère non apprécié ou un non-respect de la distance personnelle ;
- La frustration, comme la faim ou la restriction spatiale.

Ainsi, évitez au maximum les situations répétitives et/ou extrêmes pour votre chat. Encore une fois, il ne s'agit pas d'arrêter de vivre mais d'éviter des conditions de vie pénibles qui auront des conséquences néfastes. Et face à des évènements inéluctables, aménager, organiser, habituer, préparer les choses peuvent considérablement diminuer le ressenti du chat.

Signaux de confort : quand tout va bien

Après la tempête vient le beau temps ! C'est quand même plus agréable de constater que notre chat va bien et qu'il se sent sécure. Tout comme le stress, le confort peut être passager mais la durabilité du bien-être s'observe aussi très bien.

La différence ici aussi sera d'un côté dans les comportements produits et de l'autre dans la manifestation physique, corporelle de ce bien-être.

Confort de l'instant

- Le ronronnement lors d'échanges affectifs appréciés par le chat est probablement le signal de confort le plus connu (bien que nous ayons vu qu'il pouvait aussi signaler un inconfort).

- Les frottements sur l'autre (humain, congénère, autre animal) qui tissent, construisent et renforcent le lien social.

- Se grignoter et tirer sur ses griffes lors d'une séance de toilettage, les yeux clos ou mi-clos, l'attitude calme et sereine, signale une vraie détente. Le chat se fait une sorte de manucure en retirant la couche supérieure de la griffe qui mue. (Dans le cas de griffes non entretenues ou trop longues, cela peut signaler une gêne ou une douleur).

- La queue dressée qui frétille (comme pendant un marquage urinaire) signale que le chat est traversé par une forte émotion positive, comme lorsqu'il vient à votre rencontre quand vous rentrez à la maison ou que vous allez lui donner sa pâtée.

- Les « patonnages »/« pétrissages » (comportement où le chat malaxe avec ses pattes antérieures) sur un tissu moelleux ou sur vous-même sont une réminiscence de comportement infantile : le chat pétrissait autour de la mamelle de sa mère pour stimuler la lactation. Ces moments de confort juvénile ressurgissent quand le chat se sent bien. Ce comportement peut être impressionnant chez certains qui, dans l'extase, peuvent en baver ! Cela peut parfois signaler un état de stress du chat : quand c'est systématique, frénétique et que le chat, au lieu de sembler détendu, est alerte et en hypervigilance.

- La toilette qui, même si elle est un comportement naturel et régulier, indique que votre chat est détendu à ce moment-là, particulièrement quand il ronronne en même temps.

- Le repos signe aussi un moment de confort quand le chat est dans une position de relâchement et qu'il dort profondément.

Bien-être général

- Une attitude paisible, confiante et sans réaction excessive indique que le chat est globalement serein.
- Un rapport à l'humain équilibré, sans crainte ou sans hyperdépendance, est un facteur de bien-être primordial dans la cohabitation.
- Que le chat soit joueur, curieux et explorateur, qu'il porte de l'intérêt aux stimulations ludiques imitant la prédation, est un bon indice de son état émotionnel positif.
- Les poils sont brillants et le pelage sans pellicule (cela peut dépendre aussi de l'alimentation).
- Le chat est en bonne santé générale.
- Il a l'œil vif, clair, et il n'y a pas de paupière nictitante apparente (troisième paupière blanchâtre).
- Il a le nez ni trop sec ni trop humide.

Vous avez maintenant tous les indices vous permettant d'évaluer l'état de votre chat. N'oubliez pas, encore une fois, que le tempérament des uns et des autres peut faire varier l'intensité et la fréquence des différents signaux présentés. Si vous décelez des signaux de stress passager trop régulièrement, faites attention à ce que cela n'entraîne pas une situation chronique. Il conviendra alors d'identifier puis d'éliminer ou de limiter ces agents stresseurs. Tout ce qui relève des besoins physiologiques et comportementaux ne peut souffrir de compromis si l'on souhaite que son chat soit épanoui. Et si, à l'inverse, vous vous rendez compte que votre compagnon va bien, qu'il vit souvent des moments confortables et paisibles, alors bingo : votre chat est entre de bonnes mains !

3

Solutionner les comportements gênants

Si vivre avec un chat est souvent réjouissant, quand ce dernier adopte des comportements qui nous dérangent, cela peut vite devenir invivable. Quand on écarte les causes médicales traitées par le vétérinaire, il y a peu de comportements indésirables qui ne se résolvent pas. Encore faut-il comprendre les causes qui déclenchent ces manifestations comportementales et les facteurs aggravants afin d'y apporter des solutions concrètes.

C'est l'objet de cette partie. Non seulement vous y trouverez des conseils pour stopper ces manifestations comportementales, mais vous saurez aussi pourquoi vous devez les appliquer de cette manière. Parce que faire sans comprendre, c'est manquer d'un autre facteur de réussite : une vision globale des besoins et du fonctionnement de notre petit félin.

Il est important de rappeler que chaque chat, chaque humain, chaque contexte étant unique à bien des égards, la problématique à laquelle vous faites face peut nécessiter plus d'investigation et d'individualisation. Notre approche étant très loin des « trucs et astuces », votre implication est nécessaire, votre volonté de cohabiter en respectant vos besoins et ceux de votre chat, primordiale.

Bien sûr, il s'agira parfois de faire certains compromis tant qu'ils ne se heurtent pas à des besoins fondamentaux. Nous vous conseillons aussi de lire ce livre jusqu'au bout avant de mettre en place les changements afférents à la problématique : tous les comportements sont liés, d'une manière plus ou moins directe. Donc avoir toutes les informations en sa possession permet une approche systémique du comportement.

Évidemment, si vous vous sentez dépassé par les évènements, les informations, les investigations, les changements à mettre en place, pensez à faire appel à un comportementaliste compétent qui vous soutiendra dans cette démarche.

Dans cette partie, vous pourrez parfois être surpris ou choqué parce que les raisons, les explications données seront différentes de ce que vous avez toujours entendu. Mais n'ayez crainte, nous vous expliquerons le pourquoi du comment. Tout a toujours une explication logique quand on prend les choses dans le bon sens.

Enfin, pour chacune des problématiques que nous allons détailler, pensez toujours à consulter votre vétérinaire en premier lieu. Il est nécessaire d'écarter toute cause médicale avant que le comportementaliste n'intervienne. Et ce, d'autant plus si le comportement est d'apparition brutale et/ou intense.

Éliminations hors litière

C'est bien là le premier motif d'entretien pour lequel le comportementaliste est sollicité. Il y a les chats qui urinent hors de leur bac de manière très occasionnelle mais aussi ceux qui inondent quasiment la maison et ce, plusieurs fois par jour. Il y a toujours une bonne raison pour qu'un chat se détourne de sa litière alors qu'il a très bien appris à utiliser le bac. Cela peut être extrêmement agaçant quand la situation se répète, que l'on tente des choses pour que cela cesse mais sans résultat. De la petite flaque toujours au même endroit aux spots disséminés un peu partout dans la maison, d'une fois par semaine à plusieurs fois par jour, ça devient un véritable fléau pour beaucoup de personnes. D'autant que ces éliminations hors bac commencent souvent petit à petit et s'amplifient dans le temps. Elles peuvent également être cycliques sans qu'il ne soit aisé de déterminer les raisons de ces phases. Retenez un mot : normal. Oui, c'est normal pour vous d'être dépassé, énervé par la situation. Oui, c'est normal pour votre chat aussi de s'exprimer ainsi. Oui, c'est normal également d'essayer plein de choses différentes pour trouver la solution et pourtant d'échouer. Et c'est normal aussi, même quand on a côtoyé plusieurs chats, de ne pas comprendre le pourquoi du comment. Allez, on vous explique !

Pourquoi mon chat urine partout ?

Si tant est qu'il faille le préciser, il n'y a pas une seule et unique raison pour expliquer les différentes éliminations hors du bac à litière. De la plus basique à la plus complexe, c'est une investigation complète qu'il faut mener. Cela peut commencer à cause d'un évènement précis puis se perpétuer parce que d'autres éléments se juxtaposent au cours du temps.

Causes anxiogènes

C'est une vaste catégorie qui regroupe une multitude de possibilités. La cause anxiogène est statistiquement la première raison pour laquelle un chat élimine hors de son bac. Et selon le tempérament, ce qui peut être très bien vécu par le chat du voisin pourra être une vraie source de stress pour le vôtre.

Ainsi, tout ce qui est mal vécu par le chat et surtout se répète pourra potentiellement déclencher ces marquages. Passons en revue les causes anxiogènes les plus fréquentes.

Le bac à litière

Le bac à litière inadapté va pousser votre chat à l'abandonner. Lieu imposé et relevant d'un apprentissage, ce n'est pas forcément l'idéal pour le petit félin. En effet, à l'état naturel, il va choisir plusieurs endroits pour baliser son domaine de vie, indiquer sa présence et donner des informations.

Autant beaucoup de chats s'y font très bien, autant d'autres auront toujours plus de mal. Et pour peu que cet endroit si sensible ne réponde pas aux exigences minimales de sa fonction, nous avons une réelle cause d'éliminations hors bac.

Rappelons-le : la litière a pour fonction de recevoir un marquage du chat. Pour que le message puisse être considéré comme efficace, il ne faut pas qu'il soit dénaturé, caché ou imperceptible dans l'environnement.

Or, la litière est souvent perçue par l'humain comme indispensable pour que leur compagnon y fasse ses besoins, mais ils s'en passeraient bien ! La vue et l'odeur des déjections, sans parler de l'entretien, peuvent vite devenir indésirables, surtout pour les nez les plus fins. Ainsi, on relègue le bac dans la pièce qui nous dérange le moins, dont on pense aussi qu'elle sera adaptée pour le chat. Or, un marquage qui n'est ni vu ni senti est inefficace pour le chat.

Autre fléau de la litière pour chat : le capot et la trappe… Pourtant, beaucoup de personnes imaginent que le chat sera plus à l'aise dans une litière fermée. C'est malheureusement un anthropomorphisme courant car le chat, lui, n'aime pas ça.

Même si certains qui auront appris tout petits pourront tolérer l'usage d'un bac couvert, c'est plutôt très inconfortable voire carrément repoussant pour tous les autres. Un chat, naturellement, choisira un endroit stratégique pour le marquage mais aussi à découvert. Ainsi, il peut surveiller son environnement lorsqu'il est vulnérable de par cette position et échapper à un danger. C'est pourquoi certains chats sortent la tête du bac quand ils éliminent. Et cela, c'est quand la trappe a été enlevée parce que l'humain a vite constaté que son chat n'irait de toute façon pas dedans avec ce système.

Ce qui compte également beaucoup, c'est le substrat ajouté dans la litière. Différents types existent et certains seront plus adaptés que d'autres. Ainsi, toutes les litières en silice seraient à éviter car la poussière qu'elles dégagent est néfaste et peut provoquer des inflammations du système respiratoire du chat et de l'humain. Les litières végétales ou minérales qui laissent une sorte de sciure dans le fond du bac en se désagrégeant au contact de l'urine et colleront aux pattes du chat sont aussi à éviter.

Mais c'est surtout la quantité de substrat qui est mise dans le bac qui importe. Vous avez déjà certainement vu un chat gratter et fouir dans son bac avant d'y faire ses besoins. Il ne recouvrira pas forcément mais il aura creusé au préalable. Donc mettre trop peu de substrat l'empêche de recourir à ce comportement naturel.

Le nettoyage est une des composantes à prendre en compte. Nous parlerons du gros nettoyage qui consiste à vider entièrement le bac avant d'y remettre du substrat neuf et du petit nettoyage qui est le retrait régulier des déjections. Le problème le plus couramment rencontré, c'est le nettoyage trop fréquent. Ici, on rentre dans le nerf de la guerre des idées reçues. Qui n'a pas entendu dire que le chat est un animal « propre et délicat » ? Que sa litière doit toujours être impeccablement nettoyée ? Rappelons ce que le chat y fait, dans cette fameuse litière : il marque ! Et rappelons l'objectif du marquage : être perçu de tous ! Donc comment peut-il apprendre que son marquage est efficace si on le lui retire trop souvent ? Donc non, on ne devrait pas être un « maniaque de la litière propre », la nettoyer trop voire dès que le chat vient d'y faire ses besoins. Mais attention, ça ne veut pas dire qu'il faut y laisser un monticule de déjections. En fait, il devrait toujours y avoir un ou deux marquages persistants même quand on fait le petit nettoyage. Nous avons bien conscience que vous pourriez être atterrés en découvrant ces lignes car vous avez toujours entendu l'inverse et pourtant, c'est tout à fait logique.

Pensez également à ces bacs à sable dans les parcs publics que l'on a fini par interdire parce que tous les chats du quartier venaient y faire un concours de déjections : s'ils venaient tous au même endroit alors qu'ils étaient libres d'aller marquer où ils voulaient, c'était peut-être bien parce que cela avait un sens pour eux. Idem pour les personnes qui pensent que le chat aime justement quand la litière est propre parce qu'à peine est-elle changée, avec un beau substrat flambant neuf, il va directement dedans alors que vous n'avez peut-être même pas fini de la remplir. Ce n'est pas parce que ça sent bon et que ça brille, mais bien parce que vous venez de retirer tous ses beaux marquages et qu'il a besoin de communiquer de nouveau rapidement. Un dernier exemple pour la route ? Oui, c'est vrai que vous verrez certains matous renifler la litière et s'en détourner s'ils y perçoivent des déjections mais c'est tout simplement parce que, considérant que le marquage y est bien, ils trouvent plus intéressant d'aller ailleurs. Ce dernier exemple permettra d'illustrer d'ailleurs pourquoi il faut au moins deux bacs pour un chat.

On finit sur la litière inadaptée avec les parfums qui peuvent s'y trouver : du substrat parfumé à la poudre désodorisante en passant par le parfum de synthèse diffusé par un support sur le capot. C'est une véritable agression olfactive pour votre chat ! Certes, vous essayez par là de camoufler les odeurs des déjections mais c'est une vraie mauvaise idée. D'autant que si vous ajoutez assez de substrat et que votre chat recouvre ces déjections, celles-ci sentiront relativement peu voire pas du tout. Le nez de votre chat est très sensible et ces odeurs parfumées sont infectes pour lui. Ce qui vous est agréable ne l'est pas forcément pour votre chat. Regardez donc sa gueule quand il vient vous renifler alors que vous venez tout juste de vous parfumer. Les senteurs des litières parfumées ou des poudres désodorisantes sont moins intenses sur le moment mais c'est comme une odeur de fond qui dérange. En outre, même si cela peut sentir bon au départ, cela s'estompe très rapidement. Donc vous n'avez plus aucune raison d'en utiliser. Ce n'est qu'un argument marketing.

Le relationnel humain-chat dégradé

C'est une véritable cause de stress pour le chat que la dégradation relationnelle soit à l'origine d'une problématique ou qu'elle en soit la conséquence. Nous entendons par là que les incompréhensions des comportements félins par l'humain, les méthodes coercitives, contraignantes ou violentes, les interdictions nombreuses et répétées, le non-respect de la distance nécessaire au chat sont autant de facteurs qui peuvent profondément perturber le bien-être de votre compagnon. C'est aussi bien une cause initiale d'éliminations hors bac qu'un facteur aggravant quand cette dégradation relationnelle vient justement de marquages dérangeants.

Parfois, ce sont de petites choses mais comme elles sont répétées, elles deviennent très anxiogènes. Réveiller souvent votre chat qui dort ou le déranger lorsqu'il se toilette en sont de bons exemples. Le caressé-mordeur (c'est-à-dire les morsures et les griffures qui font suite à des caresses non désirées par le chat) est une autre possibilité. Évidemment, toute punition est délétère pour le relationnel. De la plus petite pichenette à la claque, du coup de pied à la prise au cou. Nous n'obtiendrons jamais rien de concluant avec de l'agression et nous le détaillerons plus tard.

Et aussi étonnant que cela puisse paraître, car plein de bonnes intentions de la part de l'humain, le surinvestissement physique par des caresses, câlins, sollicitations peut aussi participer à la méfiance du chat dont on ne respecte pas les envies. Des contacts, même affectueux, sont difficilement agréables quand ils ne sont pas partagés, accueillis volontairement. À l'inverse, un chat qui serait très demandeur mais à qui l'humain ne porterait que peu d'attention pourrait aussi le vivre très mal (bien que cette situation soit beaucoup plus rare).

L'autre point récurrent est la cohabitation du chat avec des enfants qui ne respecteraient pas les limites du chat. De plus en plus de personnes comprennent que c'est l'enfant qui doit être éduqué à respecter l'animal mais il persiste encore des opinions selon lesquelles le chat devrait accepter tout et n'importe quoi, comme s'il était une peluche. Combien de chats se sont déjà fait réprimander parce qu'ils avaient feulé, griffé ou mordu alors qu'ils se faisaient balloter dans tous les sens ? Ils auraient dû être « gentils » avec les enfants qui les importunaient ? Comme s'ils devaient accepter ce que nous, humains, refusons…

Un contexte de vie inadapté ou insécurisant

Tout environnement ne correspondant pas aux besoins éthologiques et/ou physiologiques du chat domestique pourra créer un stress qui poussera celui-ci à marquer son domaine de vie afin de le rendre plus sécure. Pourquoi cette odeur d'urine est-elle si apaisante pour lui ? Tout commence juste après la naissance, dans le nid avec sa mère et sa fratrie.

Le chaton est incapable de faire ses besoins seul, ses sphincters n'étant pas encore opérationnels. La mère chat va devoir lécher la zone anogénitale de ses petits pour provoquer la miction et la défécation. Ainsi, et bien que la chatte veille à la propreté du nid, de l'urine coule toujours un peu et la « bonne odeur » imprègne l'endroit. Certes ténue pour les humains, elle est pourtant bien présente autour des chatons. Toutes les personnes qui ont eu une portée de chatons ou les éleveurs pourront témoigner du moment où il faut changer l'alèse car l'odeur y devient plus marquée.

De cette manière, dans les moments confortables de sa vie, tétant et dormant au chaud contre sa mère, le chaton mémorise cette odeur et on peut supposer qu'il l'assimile à quelque chose de rassurant. Nous appelons cela le cocon olfactif.

Dès lors, lorsqu'un chat se trouvera dans un contexte de vie anxiogène, uriner aux endroits inquiétants ou stressants lui permettra de resécuriser l'endroit grâce à sa propre odeur. Cela nécessite de laisser tout anthropomorphisme de côté et de ne pas transposer à ce que nous faisons en tant qu'humain dans des situations similaires. C'est pourquoi, quand la cause se trouve dans l'environnement, le petit félin va uriner systématiquement aux mêmes endroits ou sur les mêmes objets. Il se fabrique son propre diffuseur d'odeurs apaisantes.

Les situations sont multiples et surtout, chaque chat aura son propre seuil de tolérance. Là où certains toléreront ce qu'un comportementaliste trouverait très problématique, d'autres ne supporteront pas des perturbations *a priori* mineures. Il faut toujours garder en tête l'aspect individuel et comprendre le fonctionnement du chat en question : encore une fois, pas de formules magiques que l'on applique à tous.

Parmi les grands classiques, nous trouverons par exemple :

- ✓ un foyer avec de multiples interdictions comme ne pas monter sur les meubles, ne pas aller dans les chambres et plus généralement toute restriction spatiale ;
- ✓ un manque ou une inefficacité des supports de marquage comme une litière mal gérée ou l'absence de griffoir ;
- ✓ la cohabitation entre deux ou plusieurs chats qui ne s'entendent pas ;
- ✓ la cohabitation avec des espèces prédatrices (le chien) ou des proies (oiseaux, rongeurs…) sans qu'il n'y ait eu de familiarisation ;
- ✓ l'inconstance des accès à l'extérieur ou en priver le chat ;
- ✓ des rituels perturbés ;
- ✓ un rationnement de la nourriture ;
- ✓ aucune possibilité d'activité exploratoire, parce que l'environnement est pauvre en stimuli ou que les jouets proposés sont inlassablement les mêmes ;
- ✓ une saturation olfactive ou auditive comme de l'encens, des parfums de synthèse omniprésents ou des travaux bruyants ;
- ✓ le déménagement d'une manière générale, même si, pour certains chats, cela peut être très exaltant ;
- ✓ l'impossibilité de tisser des liens avec des congénères de passage, comme dans les familles d'accueil.

Bien sûr, cette liste est loin d'être exhaustive mais elle montre que ces situations sont très courantes et peuvent même être insoupçonnées par les humains. Comment savoir alors si votre chat peut être dérangé par quelque chose si les possibilités sont si vastes ? C'est là qu'il faut reprendre les signaux de stress, et particulièrement ceux qui sont durables, pour savoir si quelque chose cloche. Pensez également que ce n'est pas parce que votre chat ne produit aucun comportement qui vous dérange qu'il n'y a rien qui le perturbe. C'est simplement qu'il reste en dessous d'un certain seuil de tolérance. Cependant, si vous vous rendez compte que votre compagnon manifeste certains signaux, recherchez la cause probable et supprimez-la ou aménagez-la : vous participerez activement à son bien-être.

La cohabitation avec plusieurs chats

Rappelons-le : le chat est un animal solitaire ! Bien qu'il soit doué d'une capacité d'adaptation incroyable et de développement de codes sociaux lorsqu'il doit vivre en promiscuité avec des congénères, il n'en reste pas moins que s'il pouvait choisir, il vivrait seul. Cela ne veut pas dire qu'un chat ne peut pas s'entendre avec un autre, voire tisser avec lui des liens très forts, mais que partager son domaine de vie et les ressources qui s'y trouvent peut vite devenir anxiogène. Bien sûr, il faut tenir compte des contextes favorisant cet inconfort comme l'exiguïté des lieux, l'impossibilité de sortir, la période trop précoce de sevrage, les différentes expériences de sensibilisation, les présentations inadaptées des animaux à l'adoption, la faible diversité et le manque de ressources, etc.

Plus il y a de facteurs négatifs et plus la cohabitation des félins sera compliquée.

À partir de trois chats qui vivent ensemble et de manière captive, nous parlons déjà de surpopulation. Cette surpopulation entraîne régulièrement l'intensification des marquages, dont les dépôts d'urine hors de la litière. Effectivement, quand on sait que le chat communique énormément autour de ces marquages, plus il y a de sujets à informer et plus de messages il y aura. Pour peu que les litières ne soient pas adaptées et/ou que d'autres facteurs de stress entrent en ligne de compte, le chat aura toutes les raisons de s'exprimer intensément, au grand dam de ses humains !

Bien sûr, il y a beaucoup de foyers à chats multiples où les personnes ne déploreront aucune EHB (Élimination hors bac) : c'est que la gestion spatio-temporelle est bien faite et que les chats sont bien dans leurs coussinets. Cela peut être aussi qu'ils ont choisi de manière préférentielle un autre type de marquage, comme les griffades par exemple.

La difficulté rencontrée face aux EHB quand plusieurs chats vivent ensemble, c'est de discriminer celui qui a uriné. Et ce n'est pas toujours aussi évident qu'on le croit. En tant que comportementaliste, nous observons souvent des humains qui désignent le « coupable » de manière certaine parce qu'ils l'ont vu faire, par exemple. Sauf que voir un chat marquer quelque part sous nos yeux ne veut pas dire que l'autre (ou les autres) ne le fait (font) pas. Il y a un effet entraînant : un chat qui commence à uriner quelque part va pousser l'autre à communiquer également à cet endroit. Ce n'est pas systématique mais il faut garder cet état de fait à l'esprit quand on cherche à enrayer cette spirale afin de couvrir l'ensemble de la problématique.

Mauvais apprentissage

Nous venons de voir quelles sont les grandes causes génératrices de stress qui peuvent pousser un chat à uriner en dehors de sa litière mais il existe des cas où le chat n'exprime pas obligatoirement un inconfort. C'est le cas du mauvais apprentissage du bac à litière.

En effet, rappelons qu'utiliser un seul et unique endroit pour uriner n'est pas naturel pour le chat. Ce qui l'est, c'est de marquer à des endroits stratégiques pour lui et sur des substrats qui lui conviennent. Le chat n'a appris à utiliser une litière que très récemment dans toute l'histoire de la relation humain-chat et spécifiquement quand les humains ont commencé à garder leurs chats captifs ou semi-captifs. Avant, les chats sortaient librement et pénétraient peu dans les foyers. Utiliser un bac, dans un lieu spécifique, relève donc d'un apprentissage. Cet apprentissage commence très tôt, quand les chatons observent leur mère y aller. Par imitation, ils reproduisent la séquence comportementale puis apprennent que c'est là qu'il faut marquer. Puis, par la généralisation, le chat ira ensuite chaque fois (quand tout va bien) dans tout ce qui ressemble à un bac à litière.

Sauf que, pour de multiples raisons, cet apprentissage n'a pu se faire. Parlons déjà des chatons nés dans la rue qui n'ont donc jamais pu observer leur mère aller dans un bac à litière. Recueillis par des associations, beaucoup imiteront les adultes d'une famille d'accueil s'il y en a mais selon cette présence ou non et le laps de temps jusqu'à l'adoption, c'est parfois difficile.

Il y a aussi les chatons séparés de leur mère beaucoup trop tôt. À un mois, quand on considère qu'ils sont sevrés parce qu'ils mangent de la nourriture solide, les chatons n'ont en réalité appris que peu de choses auprès de leur mère au regard de leur future vie d'adulte. À un mois, ils commencent à peine à aller à la litière et les accidents sont très fréquents face à ce comportement non naturel. Cela peut suffire pour que, débarqué dans une nouvelle famille, dans un nouveau lieu, déstabilisé par la séparation, le chat refuse la litière (surtout si elle est mal gérée ou inadaptée).

En plus du défaut d'apprentissage, il y a les chats qui désapprennent. Celui qui fugue et qui choisit de ne plus revenir à la maison par exemple. Il aura retrouvé ce comportement instinctif et tellement adéquat pour un félin de marquer aux endroits qu'il souhaite. S'il venait à être réadopté, il va probablement déserter le bac. Il y a aussi la situation courante du chat qui, habituellement, sort et qui déménage en appartement. Le marquage peut être lié au stress de la captivité mais aussi parce qu'il était habitué à marquer à l'extérieur en plus de son bac et qu'il n'a plus le choix désormais. Ainsi, il s'agira de lui réapprendre à utiliser un bac à litière parce qu'il sera adapté et attirant.

Marquage sexuel

Le marquage sexuel est un mode de communication directement lié à la reproduction. Les mâles ET les femelles vont indiquer leur disponibilité sexuelle par ce moyen. Les mâles entiers vont préférentiellement faire des petits spots d'urine très concentrés en odeur.

À savoir

L'odeur de l'urine de chat mâle non castré mais aussi de femelle non stérilisée est particulièrement forte et très reconnaissable. Cette odeur provient de la concentration urinaire et de la présence d'un composé organique appelé félinine. Cette molécule se dégradant avec le temps, on suppose qu'elle permet au chat de savoir de quand date le marquage.

Les femelles, elles aussi, marquent sexuellement mais bien plus particulièrement lorsqu'elles sont en chaleur, une période que l'on nomme œstrus.

Il est vain de vouloir empêcher ce type de marquage, il est inhérent à la reproduction. Toutefois, tous les chats entiers n'auront pas la même fréquence et même intensité de marquage. Certains éleveurs peuvent même témoigner d'avoir des « reproducteurs » qui marquent peu et même pas du tout dans leur jeunesse.

Ces marquages débutent à la puberté du chat et cette dernière varie énormément selon les individus. Chez les mâles par exemple, la puberté peut démarrer à 5-6 mois chez les races dites orientales mais n'apparaître que vers 15 mois chez les races brachycéphales comme le persan. Chez les femelles, nous retrouvons aussi ces écarts en fonction des races avec une puberté précoce à tardive allant de 4 mois à 18 mois. Mais chez les femelles, ce qui va énormément influer, ce sont l'intensité et la durée de la lumière quotidienne. En effet, chez les chattes, les chaleurs sont déclenchées par photosensibilité : plus les jours rallongent et plus elles sécréteront de mélatonine qui provoquera l'œstrus. C'est pour cela qu'on observera les chattes rentrer en chaleur en général de février à septembre-octobre, même si l'on doit nuancer cet état de fait pour les chattes captives qui sont soumises à la lumière artificielle de nos foyers.

Pour résumer : ces éliminations hors bac sont très majoritairement dues à un environnement ou à une situation anxiogènes même si certains aspects physiologiques ou contextuels peuvent entrer en ligne de compte. Ces marquages ont, souvent, plusieurs causes qui s'accumulent au cours du temps et qui expliquent la difficulté pour l'humain à discriminer les raisons pour lesquelles le chat a commencé à abandonner la litière. Dans cette partie, vous avez probablement pu identifier le cas de votre compagnon si vous subissez ces éliminations hors bac. Voyons maintenant comment vous pouvez changer les choses et améliorer votre quotidien ainsi que celui de votre chat.

Que dois-je faire ?

Vous avez identifié les causes qui peuvent être à l'origine des éliminations hors bac de votre matou, c'est le moment d'agir. Pour chaque raison identifiée, il faudra appliquer les conseils afférents pour être efficient.

Le bac à litière idéal

Nous avons vu à quel point ce support de marquage était important, tous les points devraient être optimisés pour rendre ce bac très attractif. Les conseils présentés sont certes valables dans les cas d'EHB mais aussi lorsqu'il n'y a, *a priori*, aucun souci. Tous les chats devraient pouvoir bénéficier de ce type de bac pour leur bien-être.

Commençons avec la taille du bac qui doit être assez grande pour que le chat soit à l'aise. Idéalement, elle devrait faire au moins la taille du chat plus sa queue en longueur. Cela lui permettra de se mouvoir, de se retourner, de fouir et de sentir sans être à l'étroit. Il existe aujourd'hui une large gamme de modèles XL vers lesquels le choix devrait se faire en priorité. Évidemment, vous vous adaptez à la taille de votre chat : on ne fera pas les mêmes choix pour un maine coon que pour le petit singapura.

Autre point : le capot et la trappe qui devraient être retirés. Soit l'on s'équipe d'un bac simple déjà ouvert, soit l'on a craqué sur le design d'une maison de toilette mais on retire la partie supérieure. Si vous craignez que le substrat ne soit éparpillé par votre chat, il existe des bacs dont les côtés sont assez hauts pour éviter ces désagréments. Si vous cherchez un bac à moindre coût, vous pouvez aussi opter pour un simple bac de rangement transparent, assez grand, sur lequel vous aurez découpé une entrée sur la face antérieure et dont, bien sûr, vous aurez retiré le couvercle. Avec ce type de bac, votre chat pourra observer son environnement et fuir s'il se sent en danger ou pas à l'aise.

Concernant le substrat, privilégiez les matières naturelles qui ne provoquent pas trop de poussières. Même si elle retient bien les odeurs, la litière de silice devrait être évitée pour la poussière nocive qu'elle dégage pour vous et votre chat. Les litières minérales, à base d'argile, de bentonite, de calcaire ou de sépiolite, sont adaptées pour les chats par leur façon de garder les odeurs au niveau du bac et de ne pas les diffuser dans toute l'habitation. Il faudrait cependant privilégier les substrats agglomérants qui évitent de changer la totalité de la litière et permettent de retirer les déjections urinaires qui forment des boules compactes. Idem pour les litières végétales, si elles ne font pas de sciure et ne collent pas aux pattes du chat. On pense surtout à mettre au minimum entre 10 et 15 cm de substrat pour que Minet puisse fouir et gratter sans avoir à toucher le fond du bac.

Bien sûr, vous l'aurez compris, on laisse de côté toutes les litières parfumées, quelle que soit la senteur, pour ne pas saturer l'olfaction du chat. On ne rajoute pas non plus de désodorisant en poudre dans le bac et on essaie d'éloigner au maximum tous les parfums de synthèse pour la maison.

Au niveau du nettoyage, on fera en fonction du substrat choisi mais on gardera bien à l'esprit que ce nettoyage doit être parcimonieux pour que le chat retrouve bien ses odeurs et sache que son marquage est efficace. Si vous souhaitez rester sur une litière non agglomérante, retirer les déjections fécales une fois tous les deux jours est amplement suffisant.

En fonction de la marque et de l'efficacité du substrat non agglomérant, vider entièrement la litière toutes les semaines voire toutes les deux semaines est aussi recommandé. Rincer le bac à l'eau bouillante et au savon de Marseille puis sécher suffit en termes d'hygiène. Oubliez tous les produits à récurer pour les sols ou la cuisine. Ils sont souvent chargés en odeurs persistantes qui seront désagréables pour votre chat.

Si vous pensez que les odeurs peuvent vous déranger, en réalité, c'est surtout la qualité du substrat que vous utiliserez qui fera la différence. En effet, avec ce protocole de nettoyage, une litière très absorbante et une bonne épaisseur de substrat, vous constaterez que vos craintes étaient infondées. Pour les litières agglomérantes, c'est encore plus simple : retirez les déjections fécales et les boules d'urine compactées tous les deux jours puis rajoutez du substrat quand le niveau baisse. Vous pouvez ainsi ne vider la totalité que tous les trois mois, et encore : s'il n'y a pas d'odeur dérangeante pour vous, vous pouvez continuer ainsi pendant longtemps, ce n'est pas votre chat que ça dérangera ! Dans les deux types de litière, laissez toujours un peu d'urine pour que votre chat n'ait pas l'impression qu'on lui a retiré « son précieux » et apprenne que son bac a toujours son odeur et est efficace.

De même, il faut bannir l'eau de Javel que l'on présente pourtant encore comme étant attractive pour le chat. La confusion vient du fait que les chats peuvent aller uriner dessus voire se frotter là où on l'a utilisée. Mais voir là une attirance est erroné. L'eau de Javel contient des composants proches de l'ammoniaque, que l'on retrouve aussi dans l'urine, et ceci pousse le chat à la recouvrir de son odeur, soit via des marquages urinaires, soit via des dépôts de molécules chimiques par frottement. On pourrait dire que l'eau de Javel attire le chat inconfortablement, qu'il a besoin de recouvrir cette odeur puissante, dérangeante. Donc mettre de la Javel dans un bac à litière, et *a fortiori* si le chat la déserte, est une fausse bonne idée : il ira peut-être une fois pour recouvrir l'odeur mais ira ensuite là où il ne sera pas agressé olfactivement.

Au niveau du nombre de litières, il y a une règle simple à appliquer : mettre le même nombre de bac que de chats + 1. Ainsi, pour un chat, il vous faudra deux bacs. Pour deux chats, trois bacs, etc. Mais pourquoi donc faudrait-il plusieurs supports de marquage ? Parce que, rappelons-le, marquer à un seul endroit n'est pas naturel pour le chat. Donc proposer au moins deux emplacements, c'est donner le choix à votre chat et donc lui offrir un certain confort mental. Il pourra également mieux communiquer en fonction de son état émotionnel et du message à faire passer. En outre, tous les chats n'apprécieront pas d'uriner au même endroit que celui où ils défèquent. Il est d'ailleurs étonnant de voir que lorsqu'au moins deux chats cohabitent et que le nombre de bacs à litière est adéquat, plusieurs possibilités sont observables :

1. tout le monde urine et défèque de manière indifférenciée dans tous les bacs ;
2. il y a des litières dédiées aux urines et les autres aux fèces pour tous les chats ;
3. il y a des litières qui ne sont utilisées que par un seul chat et d'autres partagées.

Sur ce point, il n'y a pas de règles, ce sont des préférences individuelles qu'on ne peut pas maîtriser. Donc l'idéal, c'est de permettre aux chats de s'organiser comme ils l'auraient fait naturellement.

Pour finir, l'emplacement du bac à litière est tout aussi important que son type ou sa gestion. Puisque le message doit être efficace, il doit être perçu par le plus grand nombre. Ainsi, l'idée reçue selon laquelle le chat est un animal discret qui doit être isolé pour faire ses besoins est encore un anthropomorphisme. Il suffit encore de voir où les chats urinent quand ils vivent en extérieur ou quand ils refusent le bac dans la maison pour voir qu'ils ne cherchent pas à se dissimuler. Une litière devrait toujours être placée dans un endroit stratégique et fréquenté tel que le salon, la cuisine, l'entrée, etc.

Attention : il ne faut pas confondre endroit fréquenté et lieu de passage intense car il faut tout de même que Minet se sente en sécurité dans cette position de vulnérabilité. Le souci réside souvent dans l'isolement de la litière, par exemple dans les toilettes, la buanderie ou encore le sous-sol. Cela nous semble pratique et nous permet de nous soustraire à la vue des déjections.

Mais le problème qui se pose alors, c'est que l'endroit ne répond plus à la fonction du marquage. Encore une fois, il y a des chats qui s'en accommoderont si tout le reste de l'organisation spatio-temporelle leur convient mais pour les autres et/ou à la moindre situation anxiogène, cela suffira pour que l'animal aille ailleurs. Privilégiez les lieux où vivent les habitants de la maison mais évitez d'accoler le bac à un électroménager bruyant ou dans le fond d'un couloir étriqué si vous voulez taper juste.

Pour le cas des chats qui ont un mauvais apprentissage de la litière ou qui ont désappris, proposer ce bac à litière idéal suffit généralement à ce qu'ils se mettent à l'utiliser. Pour certains, l'adjonction de terreau frais mélangé au substrat permettra de les attirer à coup sûr vers cette odeur naturelle d'humus. Pensez à ces chats qui ne peuvent s'empêcher de marquer dans les pots de fleurs... Le terreau est très efficace pour rendre un bac à litière attractif.

Tous les conseils autour du bac à litière doivent être respectés pour que votre chat utilise ce support avec confort et efficacité, en cas d'éliminations hors bac ou non, et que vous répondiez à ses besoins éthologiques.

Supprimer les causes anxiogènes

En reprenant point par point les éléments précédemment présentés comme étant stressants pour le chat, il faudra les éliminer ou, quand c'est impossible, réduire leur impact.

Ainsi, lorsque les relations entre l'humain et le chat sont détériorées par des punitions, directement imputables aux éliminations hors bac ou non, il est nécessaire de stopper totalement ces punitions. Une réprimande, de quelque intensité qu'elle soit, crée chez le chat une émotion négative qui renforcera, s'il y a répétition, son état de mal-être. Et un chat stressé, qui craint les réactions de ses humains, aura d'autant plus besoin de marquer pour s'apaiser. Le chat se contentera éventuellement d'uriner en cachette mais ne pourra s'en empêcher.

D'autant que le système punitif imaginé par l'humain est très loin de la perception du chat. L'humain se dit : « Je te punis parce que tu as uriné en dehors de ta litière. » Mais le chat apprend simplement : « Je suis puni parce que j'urine. » Et comme il est impossible de se retenir d'uriner, il le fera mais en se cachant, dans la crainte d'une réaction ou parfois même directement à côté ou sur l'humain (quand celui-ci dort par exemple). La simple vue ou l'odeur de la personne qui punit peut déclencher un marquage, ce qui laisse beaucoup de personnes pantoises : elles s'imaginent que le chat les nargue. Nous détaillerons précisément ce que déclenchent les punitions dans la partie sur les agressions et les protocoles spécifiques qui peuvent grandement apaiser le chat. Rappelez-vous à ce stade qu'on ne punit pas mais qu'on essaie de comprendre au risque sinon d'être contreproductif.

Concernant les interdits comme des pièces ou des meubles inaccessibles, il est primordial de lâcher du lest. Bien sûr, l'humain peut avoir des réticences fortes sur certains endroits comme le plan de travail de la cuisine ou la chambre du bébé, et c'est tout à fait compréhensible. Le but n'est pas non plus que l'humain ne pose absolument aucune règle qui lui serait chère mais de garder ces quelques principes et d'abandonner sur les autres. Laissez les chats monter sur les meubles est extrêmement important, et cela n'abîmera aucunement ceux-ci. Si vous craignez quelques griffes sur des matières fragiles, vous pouvez épointer le bout de la griffe par exemple. Si vous n'avez pas envie d'avoir des poils sur le lit, déposez un plaid ou un couvre-lit. Si vous avez des objets que vous avez peur de voir tomber, accrochez-les avec de la Patafix ou un Scotch double face, etc.

Enrichissez également le milieu de vie de votre chat avec plusieurs supports de marquage comme des bacs à litière, des griffoirs, des arbres à chat, des paillassons à poils durs, des étagères en hauteur, des points de surveillance, des cartons, des sacs et des cabas, etc. Votre chat qui aura ainsi une palette étendue pour communiquer utilisera volontiers ce qui lui est dédié tant que c'est adapté.

Pour les chats qui sortent, il est nécessaire qu'ils puissent le faire de manière régulière et constante. Si vous ne pouvez ou ne souhaitez pas mettre de chatière, instaurez des rituels de sorties qu'il faudra respecter. Vous pouvez ouvrir la porte le matin et faire rentrer Minet le soir, ou encore une heure de sortie le matin et trois heures le soir par exemple. Pour apprendre au chat à revenir quand vous l'appelez, rien de plus simple : réservez une friandise extrêmement attirante ou sa pâtée préférée, appelez votre chat (qui, au début, mettra un certain temps à apprendre) et seulement lorsqu'il rentre à la maison, vous lui donnez le graal. Si vous le faites uniquement à ce moment-là et systématiquement, votre chat apprendra que rentrer à la maison quand on l'appelle = récompense. Cela ira de quelques jours à 2-3 semaines mais c'est la meilleure façon de faire.

Les dérèglements alimentaires, le milieu de vie appauvri ainsi que la cohabitation difficile entre plusieurs chats qui peuvent avoir pour conséquence des éliminations hors bac seront abordés dans la partie dédiée.

Le marquage sexuel : stériliser/castrer

Pour les chats dont le marquage correspond au besoin de communiquer leur disponibilité sexuelle, il n'y a pas de miracle : on l'emmène chez le vétérinaire pour le faire stériliser/castrer. Il faut s'y prendre sans tarder car ce comportement est si instinctif qu'il s'ancrera même après l'opération. Il n'est d'ailleurs pas rare que la stérilisation/castration ne stoppe pas systématiquement les éliminations hors bac : soit le chat en a pris l'habitude pendant trop longtemps, soit une cause annexe à ces EHB était présente et persiste. On ne tarde donc pas et on ne bloque pas sur des aspects anthropomorphiques tels que « Ça ne sera plus un vrai mâle si je lui enlève ses attributs » ou « Mais elle va être triste si elle n'est pas maman ». Au contraire, vous soulagerez votre chat(te) des tensions sexuelles que provoquent les organes de reproduction non exploités, des comportements indésirables de marquage, des miaulements intempestifs et intenses pendant la période des chaleurs.

Pour comprendre

En réalité, stérilisation et castration sont des termes applicables aussi bien aux mâles qu'aux femelles. La stérilisation, comme son nom l'indique, rendra l'animal stérile dans sa technique puisqu'il s'agit de sectionner le canal déférent chez le mâle et les trompes chez la femelle : les organes reproducteurs sont présents, les fonctions hormonales et l'instinct de reproduction aussi. La castration rend également stérile mais il s'agit cette fois d'une ablation des testicules chez le mâle (gonadectomie), des ovaires (ovariectomie) ou des ovaires et de l'utérus (ovario-hystérectomie) chez la femelle. Dans le cas de la castration, les fonctions reproductrices et hormonales ainsi que l'instinct de reproduction sont annihilés.

Agressions

Voici une des problématiques les plus courantes pour lesquelles les comportementalistes sont appelés. De la petite morsure systématique qui finit par déranger l'humain jusqu'à l'attaque grave, mutilante et imprévisible, nombre de personnes se sont retrouvées désemparées et l'incompréhension est fréquente face à ce type de manifestations comportementales car, du point de vue de l'humain, elles semblent soudaines et sans cause. Ce sont en fait un ensemble d'éléments qui se superposent et qui peuvent transformer le plus tolérant des chats en un animal qu'on ne peut plus approcher. Voyons comment cela arrive et comment on peut y remédier.

Pourquoi mon chat attaque ?

Rappelons-le : nous parlerons spécifiquement de conduites/réponses agressives ou de chat réactif mais pas de chat agressif car nous considérons qu'il ne s'agit pas d'un statut immuable mais bien d'une réaction à un stimulus.

Aucun chat ne produit des réponses agressives sans raison.

Il y aura certes des animaux dont le milieu de développement précoce aura favorisé les conduites agressives comme réaction à leur environnement, des tempéraments optant plus facilement pour ces réponses également et des expériences qui leur auront appris que c'est la seule façon de réagir. Mais en tenant compte de tous ces éléments, et dans l'énorme majorité des cas, nous pourrons tout à fait solutionner ces problématiques.

Nous pouvons parler de comportements agonistiques, c'est-à-dire tous les comportements qui auront pour but de faire cesser un conflit. L'attaque n'est d'ailleurs qu'une façon de faire puisque la menace et la fuite ont aussi cette fonction. Ce sont d'ailleurs, hors cas d'instrumentalisation, les comportements privilégiés par les animaux puisqu'une attaque peut engendrer des blessures graves, ce qui en termes de survie n'est pas la meilleure technique.

Le chat a d'ailleurs tout une palette de signaux pour mettre à distance un humain qui le dérange et bien souvent, il cherchera à fuir si cela n'aboutit pas. Cependant, quand la situation se répète, qu'elle devient fortement anxiogène, il peut aussi se mettre à anticiper et à attaquer sans qu'un stimulus direct ne soit détectable.

Il y a aussi des cas où l'humain qui se fait attaquer n'a strictement aucune implication dans ce comportement mais s'en trouve la cible, ce qui est tout aussi désagréable. La solution pour désamorcer ces attaques reposera sur une approche différente car le relationnel avec l'humain ne sera pas ou moins engagé.

Enfin, comme pour tous les comportements dérangeants, les problématiques peuvent s'imbriquer et avoir plusieurs causes. Il faudra donc remonter le fil pour n'oublier aucun élément déclencheur. Nous rappelons encore une fois la nécessité d'emmener son chat chez le vétérinaire pour écarter toute cause médicale, notamment en cas d'attaque soudaine, inhabituelle et imprévue car la douleur peut être une réelle raison de réagir fortement.

Passons maintenant en revue les différents types d'agression possibles.

Ce sont tous les comportements agonistiques où l'humain est volontairement visé. Très souvent, cela vient d'une incompréhension des signaux de communication du chat mais parfois aussi d'un manque de connaissance ou de principes ancrés chez l'humain mais erronés.

Le caressé-mordeur

Il n'y a quasiment aucun humain qui n'ait jamais connu ce comportement de la part d'un chat. Vous savez, ce moment où nous sommes persuadés que Minet vient quémander un câlin. On le caresse et il ronronne, voire nous fait des léchouilles que l'on assimile à des bisous. Et puis d'un coup d'un seul, il se retourne et nous mord… C'est cela que l'on nomme le caressé-mordeur. Fou pour les uns, versatile pour les autres, le chat passe pour celui qui ne sait pas ce qu'il veut.

En réalité, lui, dans son langage de chat, il a pourtant tout fait pour vous prévenir ! Rappelez-vous : nous avons vu que le ronronnement peut faire partie des signaux d'inconfort. Et c'est bien ce qui est le plus déroutant parce que, pour un grand nombre d'humains, le ronronnement est synonyme de plaisir. Alors oui, le ronronnement peut signifier que le chat vit un moment agréable mais cela peut aussi signifier que quelque chose l'agace et qu'il tente de se calmer (un peu comme quand on se ronge les ongles ou qu'on secoue la jambe frénétiquement).

Le chat peut même ronronner lorsqu'il est malade ou blessé. Dans le cas du caressé-mordeur, le chat tente de se calmer avec ce premier signal face à cette intrusion physique. Et l'humain, bien souvent encouragé par son interprétation positive, continue en pensant que son compagnon apprécie. Le chat lance alors d'autres signaux à l'humain :

✓ remuer, se replacer, tourner,

✓ regarder vers la main qui le caresse,

✓ renifler la main,

✓ lécher la main,

✓ se frotter à la main ou sur la personne.

Ces comportements sont des demandes de distanciation, une façon encore sympathique de faire cesser la caresse. Mais de nouveau, ces attitudes peuvent laisser penser que le chat apprécie et encourage à continuer. Il faut d'ailleurs préciser que le chat qui ronronne lors d'échanges affectifs, se frotte ou lèche, peut aussi être en train de manifester son confort, trouver le moment agréable. Mais comment fait-on la différence alors ? Il faut pour cela regarder les postures et les mimiques dans leur ensemble et déceler des signaux d'inconfort, de stress, comme vu précédemment. Ainsi, lors d'une séance de caresses non appréciée par le chat, on pourra voir :

- ✓ une mydriase,
- ✓ la queue qui bat plus ou moins,
- ✓ un *rolling skin*,
- ✓ les oreilles tendues vers la main ou tournant sans cesse,
- ✓ une piloérection discrète.

Ces messages qui passent inaperçus aboutissent au final à une morsure qui laisse les personnes dubitatives. Une grande majorité d'humains comprennent alors qu'il ne faut plus continuer et la réitération occasionnelle de ce schéma reste sans graves conséquences sur la relation avec Minet. Mais, dans d'autres cas, quand l'humain ne veut pas tenir compte du refus du chat, quand il pense justement que le chat va finir par s'habituer ou encore qu'il le sanctionne pour son agression, la situation dégénère rapidement. Le chat apprend que peu importe ce qu'il déploie pour signifier qu'il ne veut pas des caresses imposées, rien ne fonctionne. Il va petit à petit zapper les phases intermédiaires et passer quasi directement à la morsure. On dit alors que l'agression s'instrumentalise comme si elle devenait un réflexe. La morsure, au départ brève et légère, sera de plus en plus tenue et profonde, elle s'accompagnera petit à petit de griffures puis de labourage avec les pattes arrière. Le phénomène peut même aller très vite quand le chat est sanctionné physiquement. Et c'est l'engrenage qui peut parfois aller beaucoup plus loin quand Minet finit par craindre son humain et ses réactions, comme nous le verrons plus loin.

On peut se poser la question : pourquoi le chat ne part pas s'il n'apprécie pas la caresse donnée ? Certains chats fuient et le message est sans ambiguïté mais d'autres restent et tournent, se replacent, gigotent, ce qui porte à confusion. S'ils ne partent pas alors qu'ils sont sur les genoux de l'humain, c'est qu'ils avaient envie d'être au contact de leur humain mais sans être touchés. S'ils sont sur le canapé, le lit, l'arbre à chat ou n'importe quel endroit choisi, c'est que le côté « appropriation » d'une partie de leur domaine vital est pour les chats plus fort que l'envie de se soustraire à la caresse non désirée.

L'agression de distanciation

C'est une volonté de repousser l'individu qu'il soit un humain, un congénère ou tout autre animal. Comme avec le caressé-mordeur, il s'agit de mettre fin au non-respect de la bulle personnelle mais cette agression a lieu dans n'importe quelle situation et pas uniquement lors de la caresse. Le chat peut développer une palette de comportements allant de la prévention en menaçant à l'attaque sans signes précurseurs visibles. Ce peut être exceptionnel parce qu'à ce moment, le chat a eu peur, a été surpris, se sent mal à l'aise, mais ce comportement peut aussi s'instrumentaliser si le non-respect de la distance critique est récurrent. Dans ce cas, la distance critique va être de plus en plus grande et le chat peut se retrouver à attaquer alors que la personne passe à un mètre de lui.

Après avoir éventuellement feulé ou grondé quand nous franchissons sa distance de sécurité, Minet peut griffer ou mordre s'il se sent menacé ou irrité par un individu qui passe outre cette distance critique. C'est un comportement normal que tous les chats peuvent avoir légitimement dans n'importe quelle situation anxiogène et d'autant plus si le seuil de tolérance du chat est faible. Les punitions qui auraient pour but de faire comprendre au chat qu'il a mal agi sont délétères et risquent au contraire de renforcer le comportement et de pousser le chat à augmenter sa distance critique.

Très globalement, l'humain a malheureusement tendance à ne pas tenir compte de la volonté ou non du chat d'être approché, touché, porté, et il transgresse quotidiennement sa distance critique. L'humain agit ainsi dès le stade du chaton, mué par l'envie de câliner ce petit être adorable et de l'habituer aux câlins, mais l'effet produit est l'inverse de ce qui est recherché : le petit félin est sensibilisé au contact et supporte plus ou moins ces intrusions. Que l'on s'entende bien : ce n'est pas mal de câliner son chat, d'avoir besoin d'échanges affectifs ; ce qui pose problème, c'est de le faire systématiquement et sans tenir compte de son envie ou non à lui. C'est imposer, c'est trop le faire, c'est mal le faire. Le chat, contrairement à ce qui est dit, n'est pas un « ingrat-indépendant » mais un animal à la base solitaire qui appréciera les caresses quand elles sont respectueuses. C'est d'ailleurs une des raisons pour lesquelles un chat va plus volontairement vers une personne qui l'ignore, qui n'aime pas les chats, qui y est allergique et cherche à l'éviter : intrigué par cet humain qui le laisse tranquille, Minet va au contact !

L'AGRESSION ACQUISE

C'est un comportement qui se manifeste lorsque le relationnel entre l'humain et le chat est particulièrement dégradé et qui fait suite à une succession d'évènements négatifs. Cela commence souvent modérément puis s'intensifie à mesure que la situation dégénère. Le chaton ou le chat adulte qui est puni quasi systématiquement lorsqu'il fait une « bêtise » adoptera ce type de manifestation comportementale.

Comme l'animal se sent agressé de manière permanente, il cherche à se défendre, il va feuler, cracher, mordre, griffer et on le sanctionne à nouveau pour cela. Se met alors en place un quotidien teinté de crainte, d'appréhension et d'anticipation pour Minet qui finit par attaquer l'humain même quand celui-ci ne s'occupe pas de lui, qu'il se trouve simplement dans la même pièce. Certains humains se font même attaquer en pleine nuit quand ils dorment à poings fermés, la simple vue ou odeur de ceux-ci suffisant à déclencher une attaque.

Les attaques sont généralement très violentes, mutilantes et dirigées vers la ou les personnes qui agressent le chat. Ces dernières portent les stigmates de ces assauts avec des bras ou des mollets lacérés par les griffures et les morsures. Elles finissent par prendre peur de leur animal, répondent encore par des gestes violents, parfois pour se défendre.

Cette situation intenable, aussi bien pour le chat que pour les humains, est une cause fréquente d'appel au comportementaliste. Ce dernier, sensibilisé aussi à la psychologie de l'humain, aura appris à ne pas juger trop fermement les personnes.

En effet, aller au-delà de ce qui est inacceptable pour pouvoir aider est primordial. Ces personnes sont très souvent en souffrance, regrettent la situation, ont bénéficié de conseils dramatiques, ont pu recevoir une éducation violente qu'elles perpétuent inconsciemment. Elles appellent d'ailleurs à l'aide un professionnel pour que cela change là où d'autres se seraient contentées d'abandonner l'animal. Et c'est une bonne chose car nous allons pouvoir expliquer, démonter les idées reçues, bannir les conseils désastreux, montrer qu'une autre voie est possible et reconstruire la relation humain-chat.

L'agression redirigée

Ce type d'agression peut cibler l'humain ou n'importe quel être vivant qui côtoie le chat. Le chat va exprimer, par le biais d'une attaque, un stress, une frustration, une peur, une surprise, etc. C'est un moyen de se libérer de l'énergie, de la tension provoquées par ces émotions. Ce sont les autres qui sont ciblés par le chat alors qu'ils ne sont pas directement à l'origine du stress, mais le chat redirige son comportement vers celui qui est disponible. C'est une réaction normale que nous, les humains, connaissons bien. Vous voyez, quand on peut être tenaillé par la faim, et qu'on se retrouve à s'agacer contre la personne qui est à côté de nous, ou encore qu'on rentre éreinté d'une journée de travail où le collègue nous est sorti par les yeux mais que c'est notre conjoint qui trinque ? Les exemples se déclinent à l'infini et c'est exactement ce qui se passe pour nos chats. Le trop-plein d'agacement, d'énervement doit être évacué et c'est le premier individu qui passe qui en subira les foudres.

Les attaques sont généralement modérées mais un évènement particulièrement stressant ou la réaction de l'humain peuvent les amplifier. De même, si la situation qui a déclenché cet état émotionnel et donc ce type d'attaque perdure, alors le chat risque de proposer cette réponse comportementale de manière répétée et de plus en plus intensément.

Il existe une foule de contextes qui peuvent déclencher une agression redirigée mais voici quelques exemples couramment rencontrés :

✓ Le chat captif qui reste seul de nombreuses heures la journée, qui connaît son habitation par cœur, qui n'a aucune ou peu de stimulations nouvelles, qui ne peut exprimer en quantité suffisante les comportements naturels de l'espèce. Ce chat, le soir, quand ses humains rentrent du travail, peut alors attaquer ces derniers. Dans ce cas, c'est souvent les pieds ou les mollets qui sont visés. Après avoir peut-être imité une séquence de prédation, les yeux aux pupilles dilatées et l'arrière-train remuant, il saute d'un coup sur les pieds fraîchement déchaussés. Vous avez peut-être déjà entendu parler de ce comportement, qualifié parfois de syndrome du tigre. Nous abandonnons complètement ce terme car un syndrome peut sous-entendre un ensemble de signes permettant de diagnostiquer une pathologie. Or, ici, rien de pathologique comme nous venons de le montrer.

✓ C'est aussi le cas, par exemple, du chat revenant d'une visite chez le vétérinaire, ayant beaucoup stressé et agressant son « copain » chat en sortant de la cage de transport.

✓ Minet qui rentre d'une balade mouvementée où il s'est bagarré avec un chat du quartier, encore tendu par l'expérience, et qui agresse l'autre chat de la maison qui faisait paisiblement sa toilette.

✓ Félix, assis sur le rebord de la fenêtre, fixant très attentivement l'oiseau sur la branche d'en face, émettant des petits sons (comme des dents qui claquent) de frustration, que l'on vient caresser sans prévenir et qui lance une patte pleine de griffes à notre endroit.

✓ Minou, cette fois, qui est monté en excitation après avoir joué plusieurs minutes avec un laser, ayant couru en tous sens, mais n'ayant jamais attrapé de proie comme cette simulation de prédation aurait dû le lui permettre à ses yeux, envoie un coup de patte au chien qui passe par là.

✓ Chatounou, mis au régime par ses humains, qui n'a pas la quantité de nourriture nécessaire et est rationné à deux repas par jour, qui va mordre la main de Madame qui lisait son journal.

Voilà un petit aperçu, très loin d'être exhaustif, de tout ce qui peut provoquer une agression redirigée, cet aperçu pouvant vous orienter vers le comportement de votre chat que vous n'arriviez pas à vous expliquer.

Comme toutes les problématiques, certains types d'agression peuvent se combiner à d'autres auxquels plusieurs comportements dérangeants peuvent s'ajouter comme des éliminations hors bac, des miaulements intempestifs ou des destructions par griffades.

Que dois-je faire ?

La première chose à effectuer, c'est de déterminer le type d'agression produit par le chat et se poser les questions suivantes :

- ✓ Y a-t-il une seule ou plusieurs personnes ciblées ?
- ✓ À quel moment de la journée ont lieu les agressions ?
- ✓ Font-elles suite à un contact direct avec le chat ?
- ✓ Quelles sont les réactions de la personne attaquée ?
- ✓ Quelle est la fréquence de ces attaques ?
- ✓ Le chat a-t-il toujours attaqué ou est-ce venu petit à petit ?
- ✓ Le chat semble-t-il attaquer la personne alors qu'il est en tension ?

Ces questions doivent s'accompagner de l'analyse de l'ensemble du contexte de vie et de la gestion spatio-temporelle quotidienne. Ceci orientera vers le ou les types d'agression à solutionner et la marche à suivre.

La bulle sans contact

Dans tous les cas, mais encore plus spécifiquement pour le caressé-mordeur et l'agression acquise, permettre au chat de s'isoler et de ne pas avoir de contact direct avec l'humain sera grandement bénéfique. Comme évoqué précédemment, il est primordial de prendre conscience de l'intrusion permanente de l'humain dans l'espace de l'animal, même si celle-ci est très souvent inconsciente.

Pour tenter de réaliser l'ampleur des sollicitations que nous imposons à nos compagnons à quatre pattes, il faudrait comptabiliser le nombre de fois où nous les touchons, caressons, portons. C'est assez édifiant : plusieurs dizaines de fois par jour. Ce qui est problématique, c'est de ne pas prendre en compte le choix de l'animal : a-t-il envie, lui, d'être caressé ? À ce moment-là ? De cette façon-là ? Pendant autant de temps ? En effet, si nous proposions le contact mais savions interpréter l'acceptation ou le refus, il n'y aurait aucun souci.

Ainsi, ce que nous appelons la bulle sans contact est une façon de soulager le chat des contacts physiques non désirés et de lui permettre de reprendre confiance dans son rapport à l'humain. Ne plus toucher, caresser ou porter son chat pendant quelques semaines permettra de rétablir ce lien, voire de rendre le chat plus demandeur de câlins qu'il ne l'a jamais été dans de nombreux cas. Rassurez-vous : il ne s'agit pas de ne plus jamais avoir de contacts mais bien de créer un renouveau dans la relation. Et puis, très certainement faut-il se poser la question : est-ce vraiment une envie de notre part de câliner Minet quand, pour lui, c'est désagréable ? Quel bien fait-on à imposer ces caresses quand celles-ci agacent plus qu'elles ne détendent ?

On s'arme donc de patience, d'abnégation pendant environ quatre semaines et on ne touche plus notre chat. Plus du tout. Oui, ce n'est pas simple. Oui, il faut bannir ces réflexes tactiles mais le jeu en vaut la chandelle. En revanche, si le chat souhaite venir au contact, être proche de vous ou même sur vous, sur le canapé, dans le lit, il peut tout à fait venir. Il faut simplement ne pas le caresser même si la main démange.

Petite astuce : si vous sentez que cela peut déraper, inconsciemment, quand vous êtes plongé dans votre film, asseyez-vous sur vos mains, ça vous aidera. Pour ceux qui seraient tentés de dire : « Ah oui, mais alors, c'est lui qui décide, il fait ce qu'il veut, il va se croire le chef », ôtez-vous cela de la tête très rapidement. Le chat n'est pas un animal social, il ne s'organise pas en groupe d'individus hiérarchisés. De plus, une hiérarchie n'est possible, dans la logique éthologique, qu'entre individus de la même espèce. Dans cette équation, le chat et l'humain ne sont donc ni supérieur ni inférieur à l'autre. Pour le petit félin, cela n'a aucun sens, aucune correspondance avec ce qu'il connaît et comment il fonctionne. Donc n'ayez aucune crainte sur une quelconque velléité de pouvoir à votre endroit. Si votre chat vient sur vous, c'est simplement qu'il ressent le besoin d'être proche de vous. Laissez-le donc venir et constatez que, pour une fois, il peut s'allonger sur vos genoux sans forcément être caressé. Et justement, pendant ces quatre semaines, différentes étapes vont se mettre en place :

- ✓ 1re semaine : le chat va probablement rester à bonne distance, d'autant plus qu'il avait l'habitude d'être caressé ou dans une problématique d'agression acquise. C'est la semaine de « soulagement ».

- ✓ 2e semaine : après ces premiers jours, et habitué au contact malgré tout, le chat va tenter des approches, à proximité plus ou moins grande, et constater qu'on ne le caresse plus systématiquement. C'est la phase de « reprise de confiance » dans l'approche sans contact.

- ✓ 3e semaine : les jours passent et le chat vient de plus en plus au contact. Comme dans la grande majorité des cas, le chat apprécie les câlins quand ils sont bien faits et choisis, il va multiplier les approches et tenter de vous montrer qu'il aimerait bien une caresse. C'est la phase « du manque », mais ne craquez surtout pas à ce moment-là, au risque de gâcher tous les efforts. Tenez bon !

- ✓ 4e semaine : c'est la phase « d'ancrage », celle où le chat a repris confiance, celle où les échanges lui manquent, celle qui va entériner un nouveau départ.

Nous y sommes : vous n'avez pas craqué, vous avez réussi la mission de la bulle sans contact. Vous allez pouvoir, très progressivement, proposer à nouveau des caresses. Oubliez, en revanche, le portage. Ça n'a aucune utilité affective pour votre chat et le dépossède de la possibilité de fuir. En revanche, et c'est la condition *sine qua non*, ne retombez pas dans le schéma inverse.

Laissez le chat venir au contact pour être sûr qu'il veuille établir le lien à ce moment-là. Puis faites un test de « consentement » : avancez votre main, laissez-le renifler. S'il se frotte doucement ou reste neutre, sans autre signe d'inconfort, alors c'est qu'il accepte la caresse. Au contraire, s'il détourne la gueule, s'il a un mouvement de recul, n'allez pas plus loin. Nous avons aussi parlé de la manière de caresser, il faut que ça soit agréable, donc sauf exception et pour ne pas vous tromper, privilégiez :

- ✓ la gueule et le cou,
- ✓ l'espace interscapulaire, entre les épaules,
- ✓ la zone s'étalant des cervicales aux lombaires.

Évitez en revanche :

- ✓ la queue, si le chat n'y a pas été habitué,
- ✓ les pattes,
- ✓ le ventre.

Les chats apprécient aussi, en général, la caresse « grattée », lente et peu profonde sur les mêmes zones. Donc, de quoi quand même se faire plaisir en faisant plaisir à son chat. Le secret est d'être attentif et à l'écoute pour de vrais moments de partage.

L'arrêt total des punitions

Toute forme de réprimande est contre-productive car même si, techniquement, elle pourrait fonctionner (et il s'agit d'un conditionnel appuyé), ce n'est pas une méthode qui s'inscrit dans le long terme et dans la construction d'un relationnel sain. La punition est souvent en décalage avec le message que l'humain cherche à faire passer et ce que peut apprendre le chat, comme nous l'avons vu avec les marquages. D'un point de vue très général, dans les cas d'agressions, il est tout bonnement illogique de vouloir faire cesser la violence par la violence.

Si vous ne souhaitez donc pas instaurer des craintes, appréhensions et anticipations avec un chat, cherchez d'autres approches pour éviter qu'il ne fasse ce que vous ne souhaitez pas ou redirigez-le vers des éléments que vous acceptez quand vous ne pouvez les empêcher.

Une punition n'est pas qu'une atteinte à l'intégrité physique, la violence peut être véhiculée par les cris, les hurlements, les courses-poursuites, l'enfermement dans des pièces exiguës ou une cage, les privations comme l'interdiction d'aller à l'extérieur, etc. Certains chats très émotifs seront même perturbés par un ton de voix trop fort. Il n'y a pas de petites punitions, donc on arrête tout et on met autre chose en place.

Nous en profitons aussi pour faire un point sur la prise au cou. Très souvent utilisée pour punir Minet quand il a fait une « bêtise », elle est à proscrire totalement. L'argument selon lequel ce serait une imitation de la chatte réprimandant ses petits est complètement saugrenu. Personne n'a jamais vu une mère punir ses petits ainsi et beaucoup d'éleveurs pourraient en témoigner. La mère ne prend ses petits dans la gueule que pour le transport de ceux-ci en cas de danger ou pour déménager le nid. Ce comportement s'observe jusqu'aux 2-3 mois du chaton. À la prise en gueule, au niveau de la zone interscapulaire, le chaton se recroqueville et remonte ses pattes par réflexe, il est immobilisé et mou, ce qui facilite le déplacement.

Ne pas se tromper

Ce n'est pas non plus un test qui permettrait d'identifier le tempérament du chaton au moment de le choisir dans la portée. Nous venons de voir qu'il s'agissait d'un réflexe, donc le chaton qui adopte ce comportement ne sera pas plus calme ou docile, il obéit à son corps. Celui qui se débattrait ne serait pas non plus un rebelle, il a probablement été mal saisi, n'enclenchant alors aucun réflexe, ou s'il a peur d'être pris de cette façon, le danger le poussera à essayer de se défaire de la prise. Il y a quand même mieux comme première approche avec un humain…

Quand le chat est adulte, le soulever par la peau du cou est très douloureux pour lui. Sa peau ne peut supporter son poids comme lorsqu'il était petit. En plus de se sentir agressé et de craindre l'humain à cause de la douleur infligée, le chat ne comprendra pas qu'il s'agit d'une punition, sera encore plus stressé et risque d'amplifier la cause pour laquelle on a agi ainsi.

Vous avez peut-être déjà entendu parler ou vu ce qu'on nomme la clipnose. Contraction de « clip » qui veut dire pincer en anglais et de « hypnose », il s'agit d'un procédé utilisé chez le vétérinaire pour faciliter les soins d'un chat apeuré et remuant. Cela fait appel au même réflexe que lors du portage de la mère en mettant une pince en mousse sur ladite zone mais le chat n'est pas soulevé. Sans devoir être systématique, cette technique est préférable à des contentions plus traumatisantes ou à une sédation quand il est nécessaire de soigner ou d'ausculter un chat sans être soi-même blessé.

Pour résumer : plus aucune punition, et ce de manière large et inconditionnelle dans les cas d'agression acquise puisqu'elles en sont à l'origine.

Éliminer les agents stresseurs

Tout ce qui peut agacer, stresser, frustrer le petit félin devrait être traqué pour éviter qu'il n'ait à libérer cette tension par des conduites agressives. Quand les agressions sont redirigées, il convient d'éliminer ce qui met le chat en tension et, quand c'est impossible, de trouver des techniques pour réduire le stress causé.

Pour reprendre les exemples susvisés, voici une liste des choses à faire pour solutionner la situation :

- ✓ En cas d'ennui et/ou de frustration dus au manque de stimuli, il faudra enrichir le milieu du chat (nous allons y revenir dans quelques paragraphes, à propos des miaulements intempestifs).
- ✓ Si le chat est tendu suite à une visite chez le vétérinaire, à un retour de balade mouvementée, à un orage ou à toute situation stressante, laissez-le retrouver son calme tranquillement, ne cherchez surtout pas à le rassurer en lui parlant ou en le caressant, ce n'est pas ce dont il a besoin sur l'instant. Rappelez-vous la jauge émotion-

nelle : il faut le temps qu'elle redescende au niveau du seuil de tolérance. Si d'autres chats ou animaux vivent avec lui, préparez un endroit où il aura le temps de se calmer sans être importuné.

✓ Si Minet a tendance à donner des coups de griffes parce qu'il ne peut chasser la proie qu'il observe à travers la fenêtre ou si l'on a joué à un jeu de simulation de prédation sans stopper la séquence de manière adéquate, alors il faut soit éviter ces situations en cachant à la vue du chat la proie inaccessible et trouver d'autres types de jeu, soit penser à donner au chat une friandise qui permettra de se rapprocher de la réalité et d'éviter la frustration.

✓ Si la tension provient d'une frustration liée à la nourriture, il faudra réorganiser la prise alimentaire (nous y reviendrons un peu plus loin dans la partie consacrée au dérèglement alimentaire).

✓ Mettre en place une bulle sans contact si le chat tolère mal les contacts.

✓ Stopper les réprimandes (encore une fois, mais mille fois valent mieux qu'une).

Si jamais, malgré l'application des conseils, les agressions persistent, il peut y avoir un phénomène de stress durable et traumatisant qui empêche le chat de faire de nouveaux apprentissages et de reconstruire une nouvelle façon de communiquer avec son humain. Dans ce cas, le vétérinaire pourra aider à trouver des solutions pour apaiser le chat de manière temporaire et faciliter le retour à une situation normale.

Miaulements intempestifs et agitation

Ce qui semblerait ne pas être une problématique grave représente en réalité une vraie détresse pour ceux qui la subissent. On ne parle pas des petits miaulements récurrents du chat bavard mais bien de véritables litanies, sonores et interminables. Le chat peut miauler la journée, à des horaires précis ou tout du long, mais aussi la nuit et réveiller ses humains à n'importe quelle heure. Et cela durera tant que le chat n'aura pas obtenu ce qu'il veut ou, plus précisément, ce pourquoi il aura appris que miauler est le seul moyen d'y parvenir.

Pourquoi miaule-t-il sans cesse ?

Rappelons-le : un chat ne miaule pas quand il est adulte, il communique normalement très peu de cette manière sauf avec l'humain. Nous sommes la cible de ces demandes vocales parce que l'oralité est chez nous la plus grande forme de communication. Nous avons pensé, tout naturellement, que pour le chat, c'était pareil. On s'est mis à lui parler mais surtout à lui répondre. Nous pensons que si le chat miaule, c'est qu'il a besoin de quelque chose, qu'il nous demande quelque chose. Sauf qu'au tout départ, il ne faisait probablement qu'exprimer son état émotionnel du moment, sans même que cela ne nous soit adressé.

C'est là que l'apprentissage commence : le chat vocalise et on essaie de chercher ce qu'il demande, on propose alors quelque chose et le chat fait l'association entre son miaulement et ce qui est proposé. Après quelques fois (mais parfois une seule), Minet va donc reproduire le son qu'il aura associé à la chose qu'il souhaite sur le moment. Pour bon nombre de personnes et de chats, cela reste tout à fait raisonnable, mais pour les autres, c'est l'engrenage vers la cacophonie quotidienne. À ces miaulements peuvent s'ajouter diverses techniques pour attirer l'attention comme faire tomber des objets, gratter le long des murs, faire bouger les portes…

Ces miaulements sont reliés, la majorité du temps, à une frustration autour de la nourriture, à l'ennui ou à un endroit inaccessible. Imaginez le chat s'exprimer vocalement autour de cette frustration, comme nous pousserions un soupir. Voyez maintenant si, quand il le fait, vous remplissez la gamelle ou ouvrez la porte. Voilà, vous avez compris.

Prenons l'exemple le plus courant pour les personnes faisant appel à un comportementaliste : les miaulements nocturnes. Au départ, tout va bien, puis pour une raison précise, le chat se met à miauler : on se lève et on remplit la gamelle, on lui parle ou, tout simplement, on ouvre la porte et on laisse Minet venir dormir à nos côtés. Mais cela va un temps, on finit par être agacé d'être réveillé en pleine nuit, alors on tente d'ignorer les vocalises. Celles-ci redoublent. Elles peuvent s'accompagner d'un grattage de porte particulièrement désagréable. Alors, pour retourner le plus vite possible dans son lit, on se lève et on craque. Comme toutes les nuits deviennent compliquées, on perd son sang-froid, on peut disputer son chat. Qui recommence dès qu'on a regagné nos pénates… C'est ce qu'on appelle un apprentissage par conditionnement renforcé par l'attitude de l'humain.

Le cercle vicieux est engagé et on ne sait plus comment s'en sortir. Cette frustration initiale peut prendre encore plus d'ampleur quand elle se couple à des punitions ou à un humain qui tente une fois sur deux de ne pas se lever. La situation peut alors devenir réellement insupportable.

Il faut parler aussi de l'évolution des vocalises : à partir d'un miaulement classique au départ, le chat apprend petit à petit le son qu'il doit émettre pour que vous réagissiez plus vite, il ajuste la fréquence, l'intensité et peut même avoir des miaulements différents en fonction de ce qu'il réclame : rauque ou aigu, sans pause ou par cycles. Toutes les techniques sont bonnes.

Certaines races ont aussi une propension plus grande aux vocalises comme les siamois, les orientaux ou les bengals. Leur miaulement est naturellement plus aigu et elles communiquent à l'oral très facilement. Attention donc à ne pas être trop sensible ou agacé par les bruits si vous lorgnez sur ce type de races.

Nous pouvons d'ailleurs nous demander pourquoi le chat ne comprend pas quand on se fâche. Peu importe la raison initiale de ces miaulements appris : la nuit, les chats sont actifs.

Même si certains s'adaptent au rythme de leurs humains, d'autres vadrouillent dans la maison entre deux siestes, mangent, explorent, marquent. Si le milieu est appauvri, le chat va très vite s'ennuyer. Faire lever son humain, même s'il est en colère, crie, lui court après, c'est une activité déjà bien plus intéressante que ne rien faire.

Il faut aussi parler du chat senior qui miaule jour ou nuit sans aucune raison apparente. C'est effectivement un signe de sénilité dû très probablement à la désorientation et à la dégénérescence sensorielle. Assurez-vous de sa santé auprès du vétérinaire et facilitez-lui le quotidien en adaptant son lieu de vie.

Que dois-je faire ?

Le secret réside dans votre résistance et votre patience. En effet, même si, au départ, pour prévenir les miaulements intempestifs, il suffirait de ne jamais répondre à un miaulement par anticipation d'un besoin, une fois que c'est fait, il faut défaire cet apprentissage.

Le déconditionnement

Bien sûr, et avant toute chose, il faut analyser tout ce qui a pu pousser le chat à recourir à ce mode d'expression et remédier à ce qui pose souci au risque, sinon, de fournir beaucoup d'efforts pour peu de résultats. Nourriture, accès aux pièces, supports de marquage, enrichissement du milieu doivent être abordés pour répondre aux besoins de l'animal.

Ensuite, quand tout est vérifié et adéquat, il « suffit » de ne plus répondre au chat qui vocalise. « On a déjà essayé, il continue quand même », « Plus facile à dire qu'à faire », me direz-vous ! Oui, ce n'est pas simple parce qu'il va falloir subir une période de redoublement des miaulements que l'on appelle pic de communication. Comme l'humain a justement tenté par le passé de ne pas répondre mais qu'il a craqué à un moment, Minet a appris qu'il fallait insister car l'humain finissait toujours par répondre. Il faut donc s'armer de patience et de sang-froid pendant une période d'une semaine environ et surtout ne pas craquer. Nous conseillons de choisir des périodes où vous serez à même de ne pas flancher, de ne pas répondre, de ne pas vous lever, comme les congés par exemple. Les nuits risquant d'être difficiles quelques jours, vous devez pouvoir vous reposer.

Pour les chats qui grattent la porte, sensation ô combien désagréable, vous pouvez scotcher un plaid du haut en bas de la porte pour étouffer les bruits, cela aide énormément. Équipez-vous de bouchons d'oreilles si vous avez le sommeil léger.

Le chat étant très attentif au moindre bruit, au moindre mouvement, faites vraiment attention à ne pas bouger, à ne pas réagir, à ne pas parler. Si vous l'entendez de l'autre côté de la porte tenter de nouvelles choses pour vous faire lever, ignorez-le. Ayez prévu le coup en rangeant tout ce qui est fragile, tout ce qui vous pousserait à aller voir ce qui se passe. À force de ne plus avoir de réponses, votre chat finira par cesser de miauler : c'est ce qu'on appelle la loi de l'extinction.

Tout ceci fonctionne à la condition que tous les besoins du chat soient comblés. Nous avons déjà vu ce qui concernait les bacs à litière et le relationnel équilibré. Il est temps d'évoquer ce fameux enrichissement du milieu.

L'enrichissement du milieu

Cette expression désigne tous les moyens que l'humain peut mettre en place pour couvrir les besoins éthologiques d'un animal. Il s'agit de lui offrir un environnement adapté, riche en stimuli variés. L'objectif est que le chat puisse avoir une dépense physique et mentale lui correspondant et participant activement à son bien-être.

Les jeux de simulation

Apporter des jouets qui permettent au chat d'exprimer des comportements naturels est une bonne façon de le stimuler. Et inutile de se ruiner avec nos matous, beaucoup d'objets peuvent faire l'affaire du moment que cela éveille ses sens. Que ça roule, que ça produise des sons, que ça se transporte, que ça se prenne en gueule, il y a de quoi faire. Par exemple, on peut proposer des bouchons de bouteille, des capuchons de stylos, des boulettes de papier froissé, des crayons, une boule en plastique avec du riz cru dedans (du type que l'on trouve dans les œufs surprises en chocolat) ou encore des balles de ping-pong. On peut également accrocher des plumes ou une balle au bout d'une ficelle (solide) qu'on laisse pendouiller à une poignée de porte et que l'on change d'endroit. Il faut les éparpiller dans la maison et ne pas simplement les laisser à disposition au beau milieu du salon. Pour donner encore plus d'intérêt à ces jouets, on peut les imprégner d'herbe à chat de type cataire ou valériane.

Si on veut des éléments plus sophistiqués, il existe une large gamme de jeux spécialement conçus à cet effet : des tunnels avec des balles lumineuses que le chat doit pousser avec sa patte pour les mettre en mouvement, des socles avec des fausses proies mouvantes (souris ou papillon, par exemple) ou encore des tours à étages avec des boules sonores.

Les zones de repos et d'observation

Comme vous l'avez peut-être déjà remarqué, il est plutôt vain de désigner un endroit où le chat dormira. Même si c'est le super panier moelleux ou la mini-maison à fourrure, Minet choisit lui-même l'endroit adéquat pour se reposer. Il faut surtout proposer plusieurs endroits et plusieurs possibilités, en hauteur, et observer quels sont ceux qui sont préférentiellement élus.

Disposer des plaids ou des coussins à ces endroits les rendra encore plus attractifs. Le chat doit pouvoir sommeiller en toute sécurité mais également surveiller ce qui se passe. Pensez aux dessus des armoires qui permettent au chat de se soustraire à d'éventuels enfants ou chiens turbulents, au fond d'un placard dans lequel une petite partie peut faire office de cachette propice ou simplement à l'arbre à chat qui revêt également la fonction de support de marquage.

L'exploration

C'est un comportement de dépense mentale nécessaire au bien-être des félins. Le chat doit pouvoir partir à la recherche de nouvelles choses, ce qui lui fournira un apprentissage latent de son environnement grâce aux diverses expériences. Pour les chats captifs, cet environnement est connu par cœur et comme il ne change pas, il est difficile de trouver une motivation nouvelle. Le but est que le chat apprenne qu'il peut aller explorer son lieu de vie car il y trouvera toujours des éléments inédits. Un bon et simple moyen, c'est le carton de déménagement. Découpez-y des trous, des portes, ajoutez dedans tout ce qui va éveiller la curiosité de Minet : des plumes, des feuilles, des grelots, des balles, de l'herbe à chat ou des friandises. Chaque jour, mettez ce carton dans une nouvelle pièce et dès que vous voyez que votre chat s'en désintéresse, c'est le moment de l'enlever. Au prochain carton, grand ou petit, réitérez avec de nouveaux objets dedans, c'est un excellent moyen d'égayer le quotidien d'un chat.

Une autre technique consiste à froisser des boulettes de papier dans lesquelles on placera des friandises très appétissantes. Les premiers jours, laissez-les bien à la vue du chat le temps qu'il comprenne son intérêt. Au départ, serrez peu la feuille afin que Minet apprenne qu'il faut ouvrir la boulette pour récupérer les friandises et ensuite, quand il maîtrisera bien la technique, vous augmenterez la difficulté.

Par la suite, préparez plusieurs boulettes, puis cachez-les, sous le canapé, dans le coin des pièces, derrière les portes afin de développer les zones d'exploration. Quand Minet est passé maître dans l'art de dégoter les boulettes, c'est qu'il a appris que sur son domaine vital, il y avait bien des éléments à trouver et qu'il fallait partir explorer. Trouvez des cachettes de plus en plus compliquées, changez d'endroits... Votre chat sera motivé parce qu'il saura qu'il en sera récompensé.

De façon plus basique mais tout aussi enrichissante, vous pouvez mettre à sa disposition un tapis de fouille qui sera une activité complémentaire au reste de vos propositions. On en trouve aisément sur les boutiques d'animalerie en ligne.

La socialité

Certes, ce n'est pas l'aspect le plus représentatif du chat mais quand deux félins s'entendent parfaitement, c'est un vrai plus au quotidien. Si vous adoptez deux chatons, de la même fratrie ou non, provenant soit d'un élevage soit de particuliers, mais dont le milieu de développement précoce a été adéquat, s'ils sont bien familiarisés et, surtout, si leur environnement de cohabitation couvre bien leurs besoins, il y a de fortes chances qu'ils deviennent de bons compagnons. Les échanges sociaux entre deux chats qui s'entendent bien participent aussi aux stimulations mentales quotidiennes.

Concernant l'humain, un relationnel serein apportera les mêmes bienfaits. Des séances affectives consenties et des moments de jeu bien menés renforceront le lien de confiance interspécifique.

L'espace de vie

Plus un chat aura de place pour évoluer et mieux il s'en portera. L'idéal serait qu'il puisse avoir accès à l'extérieur mais ce n'est pas toujours facile. Il y a ceux pour qui c'est impensable de garder un chat captif si on « l'aime » et puis, il y a ceux qui trouvent tout aussi impensable de l'exposer aux dangers de l'extérieur si on « l'aime ». Nous pensons que les partisans des deux points de vue sont à respecter. Oui, la liberté est un cadeau magnifique mais on ne peut pas dire qu'il n'y a aucune insécurité à vadrouiller dans la rue. Il faut peser le pour et le contre et faire son choix en pleine conscience. Pour contre-argumenter, nous dirons qu'un chat captif peut tout à fait être serein si son milieu de vie est enrichi et qu'un chat qui sort pourra tout à fait vivre une vie entière sans accident.

Concernant l'intérieur du foyer, l'idée, c'est de permettre à Minet d'accéder à toutes les pièces en laissant les portes ouvertes. S'il y a un endroit qui est rédhibitoire (la chambre de bébé l'est pour beaucoup), ce n'est pas dramatique du moment que tout le reste est accessible.

Pour finir, si vous permettez à votre chat de sortir et si vous ne voulez pas devenir le portier de service, installez une chatière. Les modèles d'aujourd'hui sont évolués, ils détectent la puce électronique de l'animal, ne laissent passer que ce dernier, et les horaires d'entrées et de sorties sont même programmables.

La gestion alimentaire

Le type de nourriture, sa distribution et la variété des gamelles comptent énormément dans l'enrichissement du milieu, ce que nous développerons dans la partie sur le dérèglement alimentaire p.185.

Les supports de marquage

Nous ne revenons pas sur la litière, vous avez compris son importance et comment la gérer. Il faudra aussi tout miser sur les griffoirs pour l'autre grand type de marquage, les griffades. Nous expliquerons pourquoi et comment dans quelques paragraphes.

Le renouvellement

L'enrichissement du milieu, c'est primordial mais pour qu'il soit vraiment efficace et réponde à l'objectif de stimulation sur le long terme, il faut impérativement que le milieu soit renouvelé dans son contenu. Nous l'avons précédemment évoqué : une fois qu'il l'aura exploré, le chat se désintéressera de l'objet.

Ayant fait tout l'apprentissage latent possible, ayant répondu à sa motivation de curiosité, il lui faudra trouver un nouvel élément à explorer. D'où l'intérêt également de ne pas dépenser une fortune dans des jouets spéciaux et de privilégier des petites choses astucieuses. Il ne s'agit pas de tout jeter mais de s'organiser pour que Minet ne se lasse pas.

Nous allons préparer trois trousseaux de jouets avec des boîtes en plastique dans lesquelles on aura dispersé de l'herbe à chat. On y ajoute une dizaine de petits objets et 4-5 jouets de type souris, oiseau, balle, etc. qui vont pouvoir s'imprégner de l'odeur de la cataire, de la valériane ou du matatabi. La première semaine, on éparpille le contenu de la première boîte, la deuxième semaine, on range les premiers jouets et on dispose le contenu de la deuxième boîte et pour la troisième semaine, on passe à la dernière boîte. Il suffira la quatrième semaine de revenir à la première boîte et d'effectuer un roulement. Efficace, économique et astucieux. Voici comment optimiser les stimulations nécessaires au bien-être des chats.

Voilà, vous disposez des conseils à appliquer si vous-même avez un chat qui miaule sans cesse à la maison. Et si vous n'en êtes pas là et si vous souhaitez empêcher que cela n'arrive, pensez bien à couvrir tous ses besoins en amont. Vous éviterez ainsi d'avoir le réflexe de proposer quelque chose contre ces miaulements dont résulterait l'association malheureuse.

Griffades

Les griffades ne deviennent une problématique pour l'humain que lorsqu'elles sont produites sur des supports non désirés. Il est plutôt admis que pour un chat, faire ses griffes, c'est normal. Mais quand elles détruisent les biens de la maison, ça devient la course aux « non » intempestifs qui sont malheureusement inefficaces.

Pourquoi détruit-il mon mobilier ?

Souvenons-nous : les griffades sont un marquage et comme tout marquage, leur but est de communiquer sur la présence ou l'état émotionnel du chat. Cela n'aura de sens que si les autres perçoivent le message. Or, la plupart du temps, les griffoirs que l'on achète aux chats sont relégués dans les pièces peu occupées. D'une part, parce que l'on trouve ces objets souvent inesthétiques, d'autre part parce que l'on pense qu'il s'agit simplement d'une lime à ongles géante et que son emplacement importe peu.

Du point de vue du chat, aller faire ses griffes dans le fin fond de la chambre d'amis ou dans la bibliothèque, c'est inutile. Ici, il n'y a pas besoin que le chat soit extrêmement stressé pour aller lacérer le coin de canapé, il se redirige naturellement vers ce qui lui semble adapté. Comme vous iriez dans une boîte à outils pour trouver un marteau !

En revanche, si des éléments anxiogènes sont présents au quotidien, le chat ira d'autant plus exprimer son mal-être au travers de griffades de plus en plus fréquentes. Dans ces agents stresseurs, il y a pourtant ce que nous faisons tous instinctivement quand on voit un chat détruire nos beaux pieds de chaises : réagir en stoppant Minet dans son élan avec un « Non, c'est pas bien » sonore, comme une cerise accompagne le dessus du gâteau.

Oui, mais empêché de produire un comportement naturel sans comprendre pourquoi l'humain réagit ainsi, le chat aura d'autant plus besoin de s'apaiser. Tout ce qu'on récolte, au mieux, c'est que le chat le fasse en dehors de notre présence. Comme lors des punitions pour les éliminations hors bac, Minet voit qu'il est réprimandé parce qu'il fait ses griffes et non pas parce qu'il les fait à un endroit qui ne nous convient pas. Il fera ainsi ses griffades quand on ne le voit pas mais on constate bien qu'au fil des jours, le joli fauteuil en rotin tombe en miettes.

Il y a aussi beaucoup de personnes qui se sont renseignées et qui ont bien pensé à mettre des griffoirs ou un arbre à chat aux endroits qui seraient adaptés mais les murs de l'entrée restent la cible privilégiée par leur compagnon à quatre pattes. Cette fois, c'est la qualité du support qui est à mettre en cause. Imaginez : on vous propose de quitter votre petit appartement citadin dans lequel vous êtes à l'étroit pour une belle villa au bord de la mer. Sauf qu'en arrivant sur les lieux, vous voyez que la villa tombe en ruine et que la ligne de chemin de fer passe dans le fond du jardin… Oui, *a priori*, une villa, c'est mieux qu'un appartement mais pas à n'importe quelles conditions. Pour le chat et son griffoir, c'est pareil.

Que dois-je faire ?

Finalement, peu de choses pour vous mais beaucoup pour votre chat !

On commence déjà par choisir des supports adéquats. Un griffoir vertical doit permettre au chat de s'étendre et donc être assez haut. Il faut aller au plus simple et choisir un poteau assez large, d'un diamètre de dix centimètres au minimum, et installer le griffoir assez haut, à au moins un mètre. Ce poteau doit être entouré de sisal, une corde de fibres végétales qui permet de laisser des traces mais fixe également les molécules chimiques des coussinets grâce à sa porosité. Le socle sera bien solide et assez lourd pour éviter que la séance de griffades ne tourne à la tour de Pise improvisée. On oublie la petite maisonnette à la base qui empêche le chat d'accéder correctement au poteau et qui est de toute façon très peu utilisée par les chats.

En ce qui concerne l'arbre à chat, c'est plus qu'un griffoir. Plus ou moins élaboré, il comporte des poteaux pour les griffades mais aussi des paliers avec soit des couchages plans soit des maisonnettes. Choisissez toujours un arbre à chat dont les différents lieux de repos n'entravent pas l'accès aux poteaux en sisal. Ces derniers, en plus de leur fonction de marquage, sont aussi des postes d'observation en hauteur et un endroit sécurisant pour le repos. Privilégiez des arbres à chat de qualité pour la longévité et les économies. C'est certes un poste de dépense non négligeable mais il vaut mieux investir dans un élément qualitatif mais durable que d'en racheter régulièrement parce que l'arbre à chat devient bringuebalant.

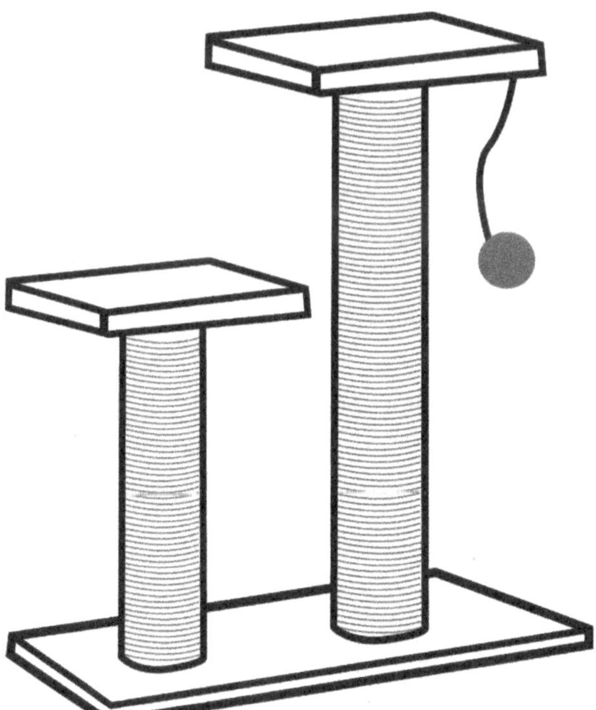

Outre les poteaux en sisal verticaux, il est aussi possible de mettre des griffoirs d'angle que l'on fixe à la jonction de deux murs. Pratique et très efficace, c'est une bonne option pour les aficionados félins des supports muraux.

Les chats peuvent aussi apprécier les griffoirs horizontaux que l'on peut mettre à tous les endroits de la maison. Il existe différentes tailles et formes qui s'adapteront à votre habitat. Ou plus basiquement, le paillasson à poils durs dont l'efficacité n'est plus à démontrer.

Concernant les griffoirs fabriqués avec du carton, ils sont économiques mais doivent être remplacés régulièrement quand la substance ne permet plus de garder les traces de griffes efficacement. Il faut de toute façon en proposer à l'adoption d'un chat afin de voir son intérêt pour ce type de matière et lui en mettre à disposition s'il semble apprécier.

Le déconditionnement

Comme pour les miaulements intempestifs, il faudra désapprendre au chat à utiliser des meubles d'humains pour lui apprendre à faire ses griffes là où cela vous convient. Ce qui vous convient, comme nous venons de le voir, ce sont des supports qui lui sont dédiés mais qui lui siéent également.

Pour ce faire, il faut rendre l'emplacement désagréable pour le chat mais sans aucune intervention directe de votre part. Il faut surtout, en parallèle, lui proposer et à proximité un nouveau griffoir très attrayant. Pour que Minet n'ait plus envie de lacérer vos meubles, appliquez du Scotch double face sur la surface. N'ayez crainte d'éventuels dégâts, il existe aujourd'hui des Scotchs spécialement conçus qui ne laissent aucune trace quand on les enlève. La surface collante est très désagréable pour le chat et il ne se risquera pas à réitérer l'opération. Ceci n'aura de sens que si le poteau en sisal est placé directement à côté au départ. Sinon, le chat se contentera simplement d'aller faire ses griffes ailleurs sans choisir le nouveau support en particulier. L'idée, c'est qu'il continue de marquer à un endroit proche de celui qu'il avait choisi instinctivement mais qu'il le fasse sur le griffoir spécifiquement. Pour rendre ce dernier encore plus attractif, frottez-le avec de la cataire, de la valériane ou du matatabi. Minet apprendra vite que là, il peut faire ses griffes sans réaction négative de votre part et que son message est efficace. Faites ceci à tous les endroits griffés et que vous souhaitez protéger, et disposez autant de griffoirs à proximité.

Si votre chat n'avait pour habitude de griffer qu'un seul endroit, le coin du canapé par exemple, c'est probablement parce que l'emplacement était très adapté. Pour autant, il faudra qu'il y ait trois griffoirs au minimum pour un chat dans une maison. Cela varie les lieux et donne la possibilité au chat de s'exprimer autrement. Si vous avez un bel arbre à chat, un seul autre griffoir peut suffire. Si vous possédez plusieurs félins, comptez trois griffoirs pour le premier chat et ajoutez un griffoir par chat supplémentaire : ainsi, pour deux chats, vous devriez avoir quatre griffoirs ; pour trois chats, cinq griffoirs, etc.

Une fois que Minet utilise bien ses nouveaux supports, vous pouvez décaler ceux qui sont particulièrement encombrants (comme celui qui trône juste devant le canapé). Attention toutefois à ne pas trop l'éloigner, dans un endroit qui n'a plus de sens pour le chat. Sinon, cela recommencera. Privilégiez les pièces fréquentées et les lieux facilement accessibles. À ce moment-là, vous pourrez enlever le double Scotch si Minet utilise bien ses griffoirs à l'endroit convenu.

Pour leur redonner de l'attrait, n'hésitez pas de temps en temps à refrotter de l'herbe à chat sur les poteaux ou les tapis-griffoirs.

Mésentente entre chats

Sujet délicat, les cohabitations difficiles sont certes anxiogènes pour les chats mais le sont tout autant pour leurs humains. En effet, l'adoption d'un nouvel animal est souvent motivée par le désir d'offrir un compagnon à son chat. Quand cela se passe mal, c'est déroutant et déprimant parce que l'effet escompté n'est pas atteint, et pire, il se produit l'inverse.

Pourquoi mes chats se battent-ils ?

La raison pourrait être tout à fait simple : le chat est un animal solitaire. Mais nous avons vu que les capacités d'adaptation de l'espèce sont grandes. Deux chats peuvent tout à fait cohabiter sereinement. Mais la relation va surtout être influencée par une multitude de facteurs que l'on devrait maîtriser et connaître quand on souhaite avoir plusieurs chats sous le même toit.

Après la naissance, le milieu de développement précoce revêt une importance particulière. Plus il y aura de chatons dans la portée et plus le juvénile expérimentera d'interactions sociales variées. Si d'autres chats adultes sont présents, cela n'en sera que plus bénéfique. À l'adoption, quand le chaton est sevré (à trois mois minimum), il va bénéficier d'un certain niveau de sociabilité qui va régresser jusqu'à ses deux ans. Passé ce laps de temps, et spécialement s'il est captif, il sera plus difficile pour lui d'accepter un congénère dans son environnement. En revanche, s'il côtoie un autre chat, ce niveau de sociabilité sera entretenu.

Ne pas confondre socialité et sociabilité, qui sont deux notions différentes. Un animal est dit social quand il a besoin de vivre groupé avec ses congénères. Un animal, même non social, peut être sociable, c'est-à-dire qu'il va accepter la cohabitation grâce, notamment, à des codes de communication adaptés. La sociabilité concerne le niveau de tolérance à un individu de la même espèce. La familiarisation, terme beaucoup plus large, est la tolérance par habituation aux autres espèces et contextes.

Ainsi, un chat qui n'en aurait pas côtoyé d'autres, qui serait captif et ne croiserait donc pas de congénères en vadrouillant, dont la gestion émotionnelle serait faible, dont le milieu de vie ne serait pas optimal et dont le relationnel avec l'humain serait teinté de quiproquos, risque fort de ne pas accepter un autre chat dans son environnement. Ces conditions ne sont pas cumulatives, une seule suffirait à rendre vacillante la possibilité de partager le domaine vital. Elles ne sont pas non plus exhaustives car cela relève, avant tout, des particularités de l'individu.

Il y a aussi une question de feeling et cela s'observe quand un même chat acceptera Minet mais pas Félix. C'est d'ailleurs la partie la plus difficile car, dans certaines situations, malgré tout ce que nous pourrions tenter, la cohabitation est impossible.

Quand nous parlons de mésentente, nous visons les feulements et les coups de pattes plus ou moins réguliers, jusqu'aux bagarres mutilantes quotidiennes. Ne pensez pas que parce que vos chats se crachent de temps en temps dessus ou se donnent un coup de patte occasionnellement, c'est le signe une mauvaise relation. Il arrive simplement que l'état émotionnel de l'un joue ou qu'une éventuelle discordance se fasse sans que cela n'entache le reste des rapports félins. C'est plutôt la récurrence des conflits et leur intensité qui orienteront l'analyse.

Voici une présentation de cinq niveaux de relationnel entre deux chats qui vous aidera à savoir comment s'entendent vos compagnons. Il ne s'agit pas de catégoriser strictement car toutes les nuances sont possibles entre deux niveaux. Et si vous avez plus de deux chats, c'est chaque dyade qu'il faut envisager car deux individus peuvent s'apprécier mutuellement sans s'entendre avec les autres.

Relation harmonieuse

Se dit de deux chats qui s'entendent parfaitement bien et passent énormément de temps l'un avec l'autre. Ils dorment ensemble, se toilettent mutuellement, jouent tous les deux et partagent volontiers les mêmes ressources du domaine vital. Ils vivent d'ailleurs plutôt très mal la séparation. Contrairement à ce que l'on pourrait imaginer, il ne s'agit pas forcément d'une mère avec l'un de ses petits.

Bonne relation

Les chats partagent aussi très pacifiquement les ressources et on peut observer occasionnellement de l'*allogrooming* mais il n'y a pas le côté fusionnel de la précédente catégorie. Il pourra également y avoir quelques conflits, peu manifestes et se résolvant rapidement par une bonne communication intraspécifique.

Relation neutre

Ici, pas de démonstration affective et quelques conflits sur des points de tension mais globalement, on constatera que les deux chats s'ignorent royalement et circulent sans échanges particuliers. Il s'agit souvent de chats qui sortent et passent beaucoup de temps à l'extérieur.

Relation tendue

Ce sont deux chats qui sont dans l'évitement quand ils le peuvent et dont les conflits sont visibles quand ils sont à proximité l'un de l'autre. On observe régulièrement des signaux de mise à distance comme des feulements, des grondements et si le conflit ne se résout pas avec les menaces, il y aura des coups de pattes et des courses-poursuites, quelques rares bagarres, mais il est peu fréquent que cela dégénère fortement.

Relation conflictuelle

Dans ce cas, les chats ne s'entendent pas du tout et ne peuvent rester dans la même pièce sans que des comportements agonistiques ne fusent. Cela se termine régulièrement en bagarre violente, voire mutilante. Les humains sont obligés de mettre les chats dans des pièces différentes pour faire cesser le conflit et l'un ou l'autre est régulièrement blessé quand on n'a pu éviter le contact.

Vous devriez pouvoir reconnaître la relation entre vos chats avec cette catégorisation mais sachez que vous pouvez aussi trouver que la réalité se situe un peu entre deux catégories.

Nous avons parlé ci-dessus du toilettage mutuel, ou *allogrooming*, mais n'oubliez pas d'interpréter de la bonne manière ce comportement : le renforcement du lien social ou bien une demande de distanciation (comme explicité dans la partie sur les contacts tactiles des félins).

Ces niveaux de relations peuvent évoluer, s'améliorer ou se dégrader en fonction du contexte. L'humain peut tout à fait influer sur celles-ci, dans la limite du feeling existant entre deux individus. À noter qu'une relation harmonieuse peut devenir conflictuelle si des éléments assez perturbants surviennent mais en revanche, une relation conflictuelle ne pourra jamais devenir harmonieuse. Dans ce dernier cas, et vu le désarroi qu'elle provoque chez l'humain, l'objectif sera de la faire évoluer vers une relation neutre voire entre neutre et bonne.

Que dois-je faire ?

Dans un premier temps, il est important de savoir s'il s'agit bien de bagarres conflictuelles et non de bagarres ludiques. Cela n'est pas si simple et c'est, encore une fois, l'ensemble des attitudes qu'il faut regarder.

La bagarre ludique se caractérise par les éléments suivants :

- ✓ les corps-à-corps sont prolongés ;
- ✓ il y a peu de vocalises ;
- ✓ il existe une sorte d'appel au jeu dans l'imitation d'une séquence de chasse ;
- ✓ si on observe une piloérection, celle-ci est faible ;
- ✓ les chats font des roulés-boulés ;
- ✓ il n'y a aucune blessure.

La bagarre conflictuelle se caractérise par les éléments suivants :

Les contacts sont rapides et violents ; les chats vocalisent beaucoup ;

- ✓ il y a de longues phases d'observation et de menace ;
- ✓ les approches sont lentes ;
- ✓ on constate beaucoup de signaux de mise à distance ;
- ✓ la piloérection est forte ;
- ✓ on retrouve des blessures plus ou moins graves.

Si vous constatez que les bagarres révèlent des conflits, alors il ne faut pas laisser les choses s'installer. Dans un premier temps, on regarde toute l'organisation spatio-temporelle du domaine de vie et on ajuste ce qui ne concourt pas à la sérénité des individus car ce sont des facteurs aggravants.

On rectifie le relationnel humain-chat selon ce que nous avons déjà évoqué. À ce sujet, l'humain ne doit pas agir sur les chats directement quand la bagarre n'est pas amorcée, au risque sinon de faire monter la tension et de créer des associations négatives. C'est ce qui se passe souvent d'ailleurs au début de la cohabitation, quand un chat semble plus rétif à l'autre. L'humain qui souhaite que ses deux compagnons s'acceptent va disputer celui qui est dans l'offensive. Or, ce dernier va associer le nouveau venu à l'émotion négative provoquée par la réprimande. Chaque nouvelle intervention de l'humain ne fera que renforcer cette mauvaise association. On retient donc qu'on n'agit jamais directement sur le chat mais qu'il faut détourner son attention. Si la bagarre est en cours et dégénère violemment, ne tentez pas de séparer les chats avec vos mains car vous seriez blessé à coup sûr. Prenez une couverture et lancez-la, dépliée, par-dessus les animaux qui se battent. Vous pourrez alors les isoler sans être mordu ou griffé.

Quand vous prenez les choses en main pour modifier une relation conflictuelle, vous pouvez au départ isoler les chats, le temps que la pression redescende. Après quelques jours sans que les chats ne se soient vus et donc sans conflits, vous allez devoir procéder étape par étape. Le but étant de faire se rencontrer Minet et Félix de plus en plus souvent et de plus en plus longtemps mais surtout sans bagarre. On veut défaire cet automatisme et faire en sorte que l'un et l'autre s'associent à quelque chose d'agréable. Préparez des friandises ou des repas dont vous savez qu'ils sont les préférés de vos chats. Ouvrez les portes et disposez à bonne distance (plusieurs mètres) la nourriture attrayante. Au départ méfiants, ils se toiseront certainement de loin, pourront gronder, mais restez le plus neutre possible. À la fin du repas qui devra être très appétissant, remettez chaque chat de son côté. Les premières fois, une à deux rencontres par jour seront amplement suffisantes. Le temps passant, augmentez la durée de rencontre dans la même pièce. Si la tension monte, il faut absolument désamorcer la situation : détourner l'attention du chat en tension avec un jeu, une sortie à l'extérieur ou des friandises. Surtout, si vous sentez que cela risque de prendre une mauvaise tournure pour cette fois, remettez-les chacun de son côté : il faut impérativement que les chats apprennent que se voir équivaut à des moments agréables. Cela demande du temps et de la rigueur au début. Mais arrivera un moment où vous constaterez que les chats sont dans la même pièce et se tolèrent pendant de longues heures. Il faudra continuer ainsi jusqu'à ce qu'ils puissent à nouveau cohabiter sans être isolés l'un de l'autre. Apaisés par un domaine de vie plus adéquat, une relation avec l'humain plus sereine et un congénère avec lequel les tensions sont moins fortes, les chats s'autorenforceront dans les progrès. En fonction des causes déclenchantes et du temps passé à partir des premières bagarres, la durée de ce protocole peut varier de deux semaines à deux mois.

Si, après ce laps de temps, aucune amélioration n'est constatée, vos chats ne sont peut-être pas faits pour s'entendre et ne le pourront probablement jamais. L'idée serait alors de trouver une nouvelle famille d'adoption à l'un des deux afin de leur offrir la possibilité d'avoir un quotidien serein et adapté.

Le point sur la cohabitation avec les autres animaux

Le chien

Si votre ou vos chats ne s'entendent pas bien avec le chien, il peut y avoir plusieurs possibilités. Initialement, une familiarisation défaillante peut expliquer la situation. Le chaton n'a jamais vu ni côtoyé (ou peu) l'espèce canine durant sa petite enfance et il est normal qu'il puisse avoir des réticences. Les deux espèces fonctionnant très différemment (le chat est un sauteur et le chien un coureur, l'un est social et l'autre non), ce n'est pas forcément facile de prime abord. Il peut aussi y avoir un souci dans la gestion spatio-temporelle du domaine de vie. Si le chat ne se sent pas en sécurité pour se reposer, s'alimenter, circuler, car le chien est envahissant, c'est normal aussi qu'il cherche à éviter ce dernier.

Les présentations ont également pu être mal faites. Typiquement, on tient le chat dans les bras et le chien en laisse car on craint que ce dernier ne s'attaque au chat. C'est en réalité le meilleur moyen de créer une association négative pour l'un et pour l'autre. N'ayant aucune possibilité de fuite, les deux animaux font monter la tension : le chien peut se mettre à aboyer et à s'agiter en direction du chat, et le chat peut feuler, tenter de partir en vocalisant et griffer l'humain qui le maintient. Si l'humain réagit ensuite quand les animaux se jaugent, on renforce l'animosité. Ainsi, il vaut mieux, lors des présentations, laisser le chien libre et permettre au chat un accès en hauteur où se réfugier. Puis, par la suite, les laisser s'ajuster l'un à l'autre sans intervenir tant que chacun peut se soustraire à la situation.

Avant adoption, préférez un chaton ou un chiot qui aura connu l'autre espèce. Idéalement, il faut qu'ils aient vu plusieurs animaux différents, notamment le chat, car il existe une grande variété de races canines et côtoyer un chihuahua, ce n'est pas la même chose que vivre avec un rottweiller.

Pour la maison, mettez les gamelles du chat en hauteur, multipliez les supports de marquage, aménagez des possibilités pour le chat de se déplacer sans toucher le sol.

Comblez les besoins éthologiques des deux espèces, et vous vous assurez déjà un bien-être qui ne pourra que favoriser l'entente.

En respectant ces quelques règles de base, vous aurez peut-être même la chance de voir Médor et Minet devenir « les meilleurs amis du monde ». Mais si la situation est trop complexe, si vous ne savez pas comment faire, n'hésitez pas à faire appel à un comportementaliste spécialiste des deux espèces qui pourra doublement vous aider.

Les autres animaux de la maison

Il s'agit souvent des NAC, les Nouveaux animaux de compagnie, qui sont aussi des proies naturelles du chat : les oiseaux, les souris, les rats, les hamsters et autres rongeurs. Il peut être difficile pour le petit félin de cohabiter avec eux sans tension. Il faudrait pouvoir placer les animaux dans des endroits qui ne sont pas en permanence à la vue du chat. Même s'il n'est pas impossible de voir quelques belles et rares relations se créer entre les deux espèces, cela reste assez peu naturel.

Ne laissez jamais ces animaux libres sans surveillance, l'instinct de prédateur peut se réveiller à tout moment, ce serait à vos risques et périls. Quand vous ne pouvez pas être attentif à ce que Minet fera, protégez la cage des coups de patte à travers les barreaux car lui, ne s'en privera sûrement pas. L'inaccessibilité d'une proie à vue est un élément fortement anxiogène, donc avant d'adopter l'un ou l'autre de ces animaux, réfléchissez bien à ce que vous pouvez mettre en place comme aménagement pour le bien et la santé de tous.

Dérèglement alimentaire

À l'état naturel, le chat est un carnivore strict qui chasse préférentiellement à l'aube et au crépuscule. Ces périodes sont corrélées aux heures de sortie de ses proies de prédilection : les rongeurs et les oiseaux.

En outre, c'est aussi un prédateur de lapins, de petits serpents et d'insectes. Il va consommer deux ou trois grosses proies par jour et, tout au long de la journée, se sustenter d'araignées, de mouches ou d'autres invertébrés.

Pourquoi mon chat est obsédé par la nourriture ?

Même s'il sait très bien s'adapter à la vie aux côtés de l'humain, le chat a besoin de plusieurs petits repas répartis sur 24 heures. Le nombre variera en fonction du type d'aliment : pâtée, croquettes, Barf ou proies naturelles.

La pâtée est un aliment humide, plus ou moins qualitatif en fonction des marques. Elle peut prendre la forme de mousse, de petits morceaux, de bouchées ou encore de filets de viande. Elle peut être un aliment complet se suffisant à lui-même ou complémentaire.

Les croquettes sont un aliment sec et leur qualité varie considérablement en fonction des marques, là aussi.

Le Barf, *Biologically Appropriate Raw Food* (ou « nourriture crue biologiquement appropriée »), est une ration préparée à base de viandes crues, d'abats, d'os charnus et de compléments alimentaires correspondant aux besoins nutritionnels des carnivores. On parle spécifiquement de *Raw Feeding* pour les chats car l'apport en légumes et céréales est minime comparé à celui du chien.

Le *Whole Prey* ou *Whole Feeding* est un régime alimentaire qui consiste à donner des proies entières au chat, comme il le ferait à l'état sauvage.

Plus le type de nourriture est approprié et complet, moins le chat aura besoin de faire de repas. Pour des croquettes de basse qualité, le chat peut facilement faire quinze petits repas en 24 heures tandis qu'avec du *Whole Prey*, il peut n'en faire que cinq environ.

Les soucis concernant la nourriture commencent généralement avec le rationnement de celle-ci, quand le chat ne peut plus aller consommer au moment où son corps le lui dicte. Vouloir suivre scrupuleusement les indications données sur le nombre et la quantité des repas, c'est oublier que chaque individu a ses particularités.

Comme chez les humains, certaines personnes mangeront peu mais pourront plus facilement stocker des graisses tandis que d'autres auront un gros appétit mais resteront sveltes toute leur vie. La qualité de l'aliment influe aussi beaucoup sur cette prise alimentaire. D'un côté, pour cacher la médiocrité des matières premières utilisées, les fabricants ajoutent des exhausteurs de goût qui poussent les chats à manger plus qu'ils n'auraient dû. De l'autre côté, cela ne suffit pas toujours à motiver le chat, qui refuse de s'alimenter correctement.

Nous nous retrouvons avec des chats qui prennent de la nourriture humaine qui ne leur est pas destinée car ils ont tout simplement faim et/ou que l'aliment est plus alléchant.

C'est généralement au moment de la puberté et après la castration/stérilisation que les ennuis commencent. Voulant que leur chat garde un poids de forme, leur humain réduit la ration et ne la distribue que deux à trois par jour là où le chat avait accès à ses croquettes à volonté jusque-là. Si la nourriture du chaton est rationnée depuis le départ, alors les soucis auront commencé antérieurement à la chirurgie.

Outre le rationnement et la mauvaise qualité des aliments proposés, il peut y avoir une gêne pour le chat dans l'emplacement de la gamelle qui le pousse soit à manger trop vite, soit à éviter le lieu.

Un milieu appauvri où le chat s'ennuierait fermement durant de longues heures peut le pousser à des allers-retours à la gamelle, le nourrissage devenant une activité de substitution.

Face à toutes ces situations, un cercle vicieux se met en place. Plus l'animal mange et plus il grossit, plus il grossit et plus on le rationne, plus on le rationne et plus il a faim. La frustration alimentaire étant particulièrement tenace, elle est à l'origine d'un stress considérable. Nous verrons alors apparaître des comportements dérangeants directement autour de la nourriture mais aussi des problématiques indirectes révélant le stress causé, comme des éliminations hors bac, des agressions, des miaulements intempestifs ou encore des destructions du mobilier par griffades.

Que dois-je faire ?

Dans un premier temps, renseignez-vous sur les différents types de nourriture que vous pouvez donner à votre chat et ce qui est le plus adapté à sa santé.

Les pâtées humides ont l'avantage d'être plus appétissantes et de participer au maintien de la fonction rénale grâce à leur apport en eau. En revanche, il n'est pas toujours simple de les conserver tout au long de la journée sans qu'elles ne se dessèchent et ne perdent de leur qualité nutritionnelle. Il existe pour cela des gamelles qu'on branche au courant et qui maintiennent la nourriture au frais.

Les croquettes sont pratiques puisqu'elles se conservent beaucoup mieux que la nourriture humide et que le chat peut aller manger à tout moment du jour et de la nuit. En revanche, c'est un aliment sec et l'apport hydrique doit être plus important.

Le Barf ou le *Whole Prey* sont de très bonnes options pour la nutrition féline mais ils nécessitent de solides connaissances des besoins nutritionnels du chat pour éviter les carences ou les excès de vitamines et de minéraux. Vous pouvez tout à fait demander le concours d'un vétérinaire spécialisé ou d'un nutritionniste/diététicien diplômé pour animaux afin de vous assurer de proposer des gamelles équilibrées. Il existe aujourd'hui des rations de Barf déjà préparées et élaborées avec des nutritionnistes et des vétérinaires qui conviendront aux personnes que ça ne ragoûte guère ou qui n'ont pas le temps.

Comme pour toutes les problématiques déjà évoquées jusqu'à présent, un bilan chez le vétérinaire permettra de détecter d'éventuelles pathologies qui nécessiteraient une alimentation particulière.

Dans tous les cas, la règle est de pouvoir proposer la nourriture *ad libitum*, c'est-à-dire que Minet doit pouvoir aller se sustenter quand il en ressent le besoin et ne subir aucune frustration alimentaire pour son bien-être. Avec le Barf ou le *Whole Prey*, le nombre de repas est moindre mais l'apport nutritionnel couvre les besoins alimentaires plus longtemps que la pâtée ou les croquettes.

Veillez à choisir des emplacements pour les gamelles qui soient suffisamment sécurisés pour le chat, il doit pouvoir se nourrir sans crainte ni précipitation. Si vous possédez un chien, disposer la nourriture en hauteur est une bonne solution. La matière des écuelles doit être neutre en odeur et en goût (comme avec le verre ou la céramique) afin que cela n'interfère pas olfactivement ou gustativement. Proposez plusieurs endroits de nourrissage. Comme un chat chasse et consomme ses proies en différents lieux, cela participe à l'enrichissement du milieu.

Quand un problème de poids, d'ennui ou de prise de nourriture humaine non désirée existe, il faut impérativement travailler sur la gestion alimentaire. L'idée est que le chat ne soit plus obsédé par la nourriture en lui permettant d'y avoir accès *ad libitum* tout en le faisant travailler pour augmenter la dépense énergétique et mentale.

Pour ce faire, les fabricants d'accessoires pour animaux proposent maintenant une large gamme de gamelles dites ludiques. Elles sont de formes et de concepts variés. Mais chaque fois, le chat doit trouver des solutions lui permettant d'accéder à la nourriture : aller chercher les croquettes au fond de tubes ou de bocaux, faire tomber celles-ci d'étage en étage, les faire glisser entre différents obstacles, faire rouler des boules à trous libérant l'aliment et bien d'autres stratagèmes faisant appel à l'ingéniosité et à l'entraînement du chat. Bien évidemment, on ne laissera pas de gamelles remplies de croquettes à disposition en parallèle, sinon Minet ira au plus simple.

Pour motiver celui-ci, on propose plusieurs types de gamelles ludiques à différents endroits et on y met des aliments de saveurs et de marques différentes. En effet, on a tendance à croire que le goût et le choix ne sont pas importants pour nos animaux mais si la langue féline est capable de détecter l'acide, le sucré, le salé et l'amer, ce n'est pas uniquement une question de survie. Vous verrez d'ailleurs les choix de votre chat évoluer en fonction de ses envies. Donnons-lui donc le choix !

Pour la distribution de la nourriture humide, évitez les heures fixes où Minet anticipera et se mettra à miauler jusqu'au harcèlement. Il vaut mieux donner la nourriture de manière aléatoire et à des endroits différents.

Nous terminons cette partie par la prise d'eau. L'apport hydrique est à surveiller chez nos chats pour qui la prise de boisson est peu naturelle. Ils s'abreuvent normalement avec le sang des proies qu'ils consomment. Donc quand ce n'est pas le cas, il faut les encourager à s'abreuver suffisamment. Au plus simple, vous proposez une gamelle d'eau fraîche régulièrement changée et au mieux, vous optez pour une fontaine à eau bien entretenue pour le stimuler. Éloignez l'eau des gamelles de croquettes, le chat ira la boire plus volontiers encore.

4

Conseils pour bien choisir son chat

Maintenant, vous savez comment le chat fonctionne, ce que vous pouvez attendre de lui. Vous connaissez ses limites, les rouages d'une cohabitation saine et sereine. C'est décidé, vous allez adopter un chat. L'individu et son histoire vont fortement conditionner la relation, il s'agit donc de ne pas se tromper, de choisir le bon endroit d'adoption et de mettre en place les moyens adéquats dès le départ pour l'épanouissement de la dyade humain-chat.

Où et comment ?

Nous pourrions nous dire qu'un chat, c'est un chat et qu'il est facile d'en adopter un. Certes, ce n'est pas compliqué mais c'est justement dommageable car ne pas se renseigner et choisir son animal n'importe où, c'est prendre le risque, énorme, d'être déçu. La déception peut concerner les attentes que l'on avait du compagnon quant à son tempérament mais également les éventuels comportements dérangeants issus d'un mauvais sevrage ou une familiarisation défaillante. La santé de l'animal est souvent en jeu également. Nous allons voir les différentes options qui s'offrent à nous quand nous voulons que l'adoption soit optimale.

Élevage, refuge, animalerie ou particulier : quelles différences ?

Les différences se jouent sur l'approche de l'animal, les soins apportés et la construction psychologique de l'animal.

Depuis 2016, l'éleveur félin est un professionnel devant être déclaré dès lors qu'il vend au moins une portée de chatons par an issue d'une femelle reproductrice qui lui appartient. La loi s'est durcie pour éviter les dérives mercantiles du marché de l'animal de compagnie.

Ainsi, dès lors que vous souhaitez adopter dans un élevage, vérifiez qu'il est immatriculé à la chambre d'agriculture et possède un numéro Siret. Il existe une dérogation pour les personnes qui ne font qu'une portée de chats inscrits au Livre officiel des origines félines (Loof) par an.

Les éleveurs de chats de race sont des personnes passionnées, œuvrant pour le bien-être de leurs chats et l'amélioration de la race. Oui, mais ça, c'est dans le meilleur des mondes. La réalité, c'est que même si une grande majorité d'éleveurs s'inscrivent dans cette lignée, d'autres ne sont pas aussi scrupuleux, au grand désarroi des premiers d'ailleurs. Être éleveur, cela ne s'improvise pas, il faut se renseigner sur la race que l'on souhaite élever, adapter ses locaux pour la santé et le bien-être des chats, se former au comportement félin, s'investir et se responsabiliser pour le développement des chatons et le bien-être des adultes. Pour certains, la motivation première sera les bénéfices tirés de la vente des animaux en réduisant les coûts le plus possible.

Ainsi, un chaton de race représente un coût certain si l'on additionne l'entretien de la chatterie, les soins vétérinaires, la nourriture de qualité, l'enrichissement du milieu, les bacs à litière, les obligations administratives et tous les frais annexes de fonctionnement.

Les prix varient selon les races de 800 à 2 000 euros. Si le prix de vente d'un chat est trop bas, il manque probablement quelque chose. Légalement, un chaton ne peut être cédé avant l'âge de huit semaines, doit obligatoirement être identifié par puce électronique ou tatouage, être livré avec une attestation de cession (vente ou don), ses documents généalogiques le cas échéant et un certificat vétérinaire attestant du bon état sanitaire de l'animal. Mais tout bon éleveur sait que le petit devra être resté auprès de sa mère jusqu'à ses trois mois au minimum pour son bon équilibre psychologique. En outre, à la cession, les vaccinations devraient être faites ainsi qu'un protocole de vermifugation commencé. Ne soyez donc pas rebuté par un tarif que vous jugeriez trop élevé pour un animal. La qualité a un coût. Mais ce prix doit être justifié par le respect des conditions légales agrémentées ainsi que la qualité de l'élevage.

Lors de vos recherches, il faut que vous puissiez visiter la chatterie, voir les adultes reproducteurs et spécifiquement la mère avec ses chatons. Il faut que le milieu de vie soit adapté aux animaux avec la présence de jeux, d'arbres à chat, la possibilité de circuler. Soyez attentif à la propreté des lieux, à la fraîcheur de la nourriture et de l'eau, à l'apparente bonne santé des félins. N'hésitez pas à poser des questions à l'éleveur sur la nourriture, son travail, les tests de santé spécifiques à la race, ses techniques de familiarisation. Il vous répondra avec grand plaisir si les choses sont bien faites.

Les particuliers qui voudraient faire adopter les chatons nés de leur femelle doivent répondre aux mêmes obligations concernant la cession des petits, qu'il s'agisse d'une vente ou d'un don. Malheureusement, trop peu de personnes encore connaissent les besoins du chat et spécifiquement ceux du chaton. En tant que comportementaliste, je vois bien trop souvent des chatons adoptés et cédés avant l'âge de deux mois (parfois beaucoup moins) chez les personnes qui m'appellent. Accueillir une portée, c'est du travail, de l'investissement, de la recherche pour bien faire et ce, pendant au moins trois mois : si vous ne voulez pas vous impliquer autant, l'idée est alors à bannir. Ne tentez pas l'expérience « juste pour voir » ou parce que vous trouvez ça « trop mignon » et encore moins parce que vous pensez que c'est nécessaire pour la chatte de « connaître la maternité au moins une fois dans sa vie ». Le bien-être des futurs chatons en dépend !

Les refuges et associations pour les animaux abandonnés sont une excellente option. Ils participeront et veilleront aux soins précédemment donnés et cèderont l'animal pour le prix de ces dépenses nécessaires. Vous donnez surtout la possibilité à un chat de trouver une nouvelle famille qui prendra soin de lui. Il y a de belles choses à créer à et à vivre avec ces animaux pour peu que l'on se renseigne sur leurs besoins. En effet, il se peut qu'un chat ait été abandonné parce qu'il urinait partout ou qu'il était dit agressif. Mais la plupart du temps, les personnes n'ont pas cherché à comprendre d'où venait la problématique, alors que cela se serait résolu sans difficulté. L'accueil dans une nouvelle famille attentive permet que ces problématiques ne surviennent plus. Mais en cas de traumatisme profond de Minet qui le pousserait à continuer, ne vous détournez pas de lui. Prenez le temps de faire appel à un comportementaliste au moment de l'adoption (il saura vous donner les conseils adéquats) et offrez ainsi une seconde chance à un chat qui le mérite.

Notre conseil sur les animaleries : évitez-les ! Même si les conditions se sont améliorées au fil des années, que le personnel peut être impliqué, ce n'est pas le choix idéal pour l'adoption d'un animal. Et ceci pour des raisons liées au concept même de l'animalerie. Les chats sont présentés aux visiteurs dans des enclos, vitrines ou box, et sont soumis aux contacts visuels, sonores, olfactifs et parfois tactiles quasiment en permanence. Ainsi sollicités, les animaux sont sensibilisés au lieu d'être habitués progressivement à l'humain. Il est très fréquent que les chats n'aient pas trois mois, et si cela devait être le cas au moment de la présentation, ils ont été retirés à leur mère et leur fratrie bien avant. Certes, cela respecte les exigences légales, mais vous savez maintenant que ça ne répond pas aux besoins éthologiques de l'animal.

Pour reprendre ce qui vient d'être évoqué, lorsque vous songez à adopter un chat, réfléchissez bien à ce que vous attendez, à ce qui est le plus adapté au bien-être de Minet, à ce qui influera sur la future cohabitation et à votre implication.

Chaton ou chat adulte : ça change quoi ?

La réflexion peut se porter sur l'accueil d'un chaton ou d'un chat adulte. Il faut pour cela comprendre ce qu'implique l'un ou l'autre.

Un chaton, c'est un tout nouvel être, quasiment vierge d'expériences. Sa morphologie juvénile nous attire indubitablement. Nous allons participer à ses apprentissages et quelque part l'habituer à nos propres conditions de vie. Cela fait appel aussi à nos instincts parentaux, de protection, nous avons envie de tout bien faire pour que Minet soit le plus heureux des chats ! Oui, mais l'envers du décor, c'est qu'un jeune, peu importe l'espèce, c'est justement tout feu tout flamme. C'est vigoureux, c'est curieux, c'est encore en pleine construction physique et émotionnelle. Nous pouvons passer en un quart de seconde d'une petite boule de poils qui sommeille à une vraie pile électrique qui découvre le monde. Le chaton va courir comme un dératé, escalader les rideaux, se faufiler dans des endroits incongrus, faire tomber des objets, miauler à des moments inopportuns pour l'humain, etc. Ceci est NORMAL ! Il faut explorer pour apprendre et apprendre pour grandir.

Si vous avez d'autres chats ou d'autres espèces animales chez vous, l'avantage, c'est que l'intégration d'un chaton est plus aisée que celle d'un adulte qui a déjà forgé son caractère et connu de multiples expériences. Quoi qu'il en soit, préparez-vous en amont à accepter autant les désagréments d'un juvénile que ses facéties craquantes, que vous ne manquerez pas d'observer.

Le chat adulte, lui, a passé ces phases d'apprentissage et sera plus mesuré dans la découverte de son nouveau chez-lui. Il saura mieux réagir face à ce qu'il aura déjà expérimenté mais sera plus sensible à ce qui lui est inconnu. Il est plus calme et moins aventureux qu'un chaton mais ses limites seront déjà posées et il tolérera moins de nouveautés. Cependant, rien n'est jamais définitivement ancré et même un adulte qui aurait eu une vie tourmentée voire malheureuse peut devenir tout autre si on s'en donne les moyens. Avec un chat adulte, on s'épargne des heures de sommeil en moins et on peut se concentrer sur la découverte de cet individu, ce qui est très enrichissant d'un point de vue psychologique. Rattraper les erreurs, redonner confiance en l'humain au chat qui l'a perdue, faire évoluer les craintes et les appréhensions sont autant de challenges motivants quand nous accueillons un félin adulte.

Il y a aussi la situation du vieux chat. Passé l'âge de 12-13 ans, c'est un senior. Même si à cet âge, bon nombre de chats sont en bonne santé et vaillants, il faut pouvoir s'adapter et avoir conscience qu'une bonne partie de leur vie est passée. Si l'on doit adopter un chat de cet âge ou si l'on vit avec, il faut être rigoureux concernant sa santé pour anticiper les soucis. Une visite annuelle chez le vétérinaire pour faire un bilan sanguin et une auscultation générale permettra de déceler les prémices de pathologies qui, une fois installées, seront de plus en plus difficiles à traiter. Par exemple, sachez qu'une insuffisance rénale chronique (pathologie très fréquente chez les chats) prise à temps permettra à votre chat d'avoir une espérance de vie quasi similaire à celle des autres alors que si elle n'est pas traitée, le chat peut s'éteindre en quelques mois voire quelques semaines. À partir d'un certain âge, quand Minet commence à perdre certains de ses sens, comme la vue, l'odorat ou l'audition, il peut être désorienté. Les miaulements longs et graves au beau milieu de la nuit en sont un indice, comme des siestes plus longues et plus fréquentes, une activité plus faible et un intérêt moindre pour ce qui l'entoure. Tant qu'il ne souffre pas, il ne faut pas penser au pire mais lui faciliter son quotidien comme nous le ferions, en tant qu'humain, avec nos aïeuls :

- ✓ mettre les couchages plus près du sol pour épargner ses articulations douloureuses ;
- ✓ privilégier les litières basses pour lui éviter les mouvements amples ;
- ✓ penser aux veilleuses la nuit pour compenser ses déficits visuels ;
- ✓ faciliter l'accès aux gamelles de nourriture et d'eau ;
- ✓ proposer une couverture chauffante pour les animaux arthrosiques ;
- ✓ des griffoirs horizontaux épargneront les chats au bassin fragile ;
- ✓ les rituels sont encore plus importants, ils permettent au vieux chat de savoir à quoi s'attendre et quand on l'attend ;
- ✓ si le chat a du mal à se mouvoir et donc à se toiletter, veillez à son pelage ;
- ✓ éviter les stimuli sensoriels puissants en le gardant à l'abri du bruit ou de l'agitation par exemple ;
- ✓ tous les soins de confort, d'entretien et compléments alimentaires pourront faciliter le quotidien (se concerter avec le vétérinaire traitant).

Malgré les aménagements nécessaires que demande un chat senior, que cela ne vous fasse pas peur. Cela ne chamboule pas le quotidien et une fois la plupart des installations faites, il n'y a pas d'efforts extrêmes à fournir quotidiennement. Au contraire, c'est très gratifiant d'offrir une réelle qualité de vie à un animal qui nous a tant apporté.

Au final, l'âge du chat que vous souhaitez accueillir dans votre foyer devrait dépendre de ce que vous êtes prêt à faire ou de ce que vous recherchez. Vos possibilités de temps et d'énergie doivent être en corrélation avec ce qu'est Minet à ce moment de sa vie. Cela doit pouvoir correspondre aussi aux animaux en présence.

Autant adopter un chaton lorsque l'on a un chat âgé peut être une sorte de fontaine de jouvence, autant il peut être une source de perturbation. Si vous n'êtes pas certain de l'adéquation, demandez conseil à un comportementaliste qui analysera l'ensemble des facteurs et vous conseillera dans le bon sens.

L'accueillir et bien faire dès le départ

Nous y sommes, vous savez ce qu'est un chat, ce dont il a besoin et ce qu'il pourra vous apporter. Que ce soit un chaton, un adulte venant d'un élevage, d'un particulier ou d'un refuge, dans tous les cas, il y a des choses à faire et à éviter pour une bonne intégration dans votre famille.

Bien commencer pour ne pas se tromper

Le lieu de naissance et de développement

Avant toute chose, il faut penser à adopter un chat dont le milieu de développement précoce ressemblera le plus à son futur foyer. Il sera beaucoup plus facile pour lui de s'intégrer dans un environnement dont les stimulations ressemblent à ce qu'il a déjà connu. Ainsi, on ne va pas chercher un chaton qui est né à la campagne au sein d'une famille d'humains nombreuse, a grandi entouré d'animaux sauvages, a connu l'extérieur si on est un couple dans un petit appartement parisien. Le son des Klaxons et la captivité, c'est très loin des meuglements de vaches et du grand air. Certes, nous prenons un exemple caricatural et la réalité peut être plus nuancée mais cela permet de souligner l'écart qui peut exister entre deux environnements.

Si vous avez des enfants, privilégiez un éleveur ou une famille qui en a aussi, le chaton aura ainsi expérimenté les agitations, les bruits et les rapports inhérents. Si vous avez un ou plusieurs chiens, plus le chaton aura rencontré de races canines différentes, plus il sera familiarisé avec cette espèce et plus vite il s'habituera à eux. Si vous savez que le chat ne pourra pas avoir accès à l'extérieur, choisissez une portée qui n'aura pas mis le bout du nez dehors. En effet, ne jamais avoir connu les stimuli de la nature lui facilitera la vie en intérieur. À l'inverse, si Minet a déjà vadrouillé hors de la maison, il ne faudra jamais lui imposer la captivité. Sinon, c'est l'apparition de comportements dérangeants (dus à la frustration) quasiment garantie.

Anticiper les aménagements

Vous allez accueillir le chat dans quelques semaines, le temps qu'il finisse les apprentissages nécessaires à son équilibre. C'est le moment de préparer sa venue. N'attendez pas le dernier moment et les éventuels aléas d'approvisionnement, cela vous permettra de recevoir le nouveau venu dans les meilleures conditions.

Pensez à acheter sa nourriture et à anticiper quand il faudra en racheter pour éviter la panne du week-end quand rien n'est ouvert. Positionnez les bacs à litière, les griffoirs et arbres à chat aux emplacements que vous savez maintenant être stratégiques. Aménagez les accès en hauteur, éparpillez des jouets pour susciter l'intérêt et l'exploration. N'hésitez pas à frotter de l'herbe à chat dans toutes les pièces pour inciter le chat à déposer ses propres odeurs et à baliser son domaine de vie.

Le jour de l'adoption, préparez sa cage de transport. Elle doit être assez grande et rigide pour qu'il se sente à l'aise. Là encore, un peu d'herbe à chat dedans pourra détendre Minet quand il quittera sa mère et sa fratrie. Prévoyez un tissu opaque (mais léger pour laisser passer l'air) afin de recouvrir la cage de transport dans la voiture : les félins sont apaisés quand il fait sombre et qu'ils ne sont pas confrontés à une multitude de stimulations visuelles lorsqu'ils sont déplacés.

Pour le jour de l'adoption, organisez-vous pour que cela soit au moins lors d'un week-end ou idéalement pendant une semaine de congés. Il sera moins rude pour le nouvel arrivant de pouvoir vous découvrir, vous observer les premiers jours que de rester seul de longues heures dans un endroit inconnu dès le lendemain de son arrivée.

L'arrivée dans le nouveau foyer

Vous êtes sur la route pour aller chercher Minet, le grand jour est arrivé ! Ne vous précipitez pas directement vers lui quand vous arrivez, laissez-lui le temps de vous observer quand il est encore entouré de sa mère, de ses frères et sœurs. La curiosité le poussera de toute façon à venir vers vous, vous renifler et décrypter votre attitude à son égard. Pour apaiser le chaton, vous pourrez avoir demandé à la personne chez qui il est né d'avoir frotté les babines de la maman avec un tissu doux et d'avoir laissé celui-ci s'imprégner de l'odeur du nid au préalable. Ce tissu pourra être déposé dans la cage de transport puis ensuite laissé à disposition de Minet qui retrouvera des odeurs connues et rassurantes.

Au moment du départ, vous pouvez attirer le chat dans la cage de transport avec quelques croquettes puis refermer doucement la grille. Dans la voiture, le petit félin se mettra très probablement à miauler pour exprimer son stress. Ne lui répondez surtout pas ! Le sens de vos mots ne sera pas compris mais surtout l'intonation de la voix que l'on prend naturellement pour rassurer le chat ressemble aux petits miaulements de stress : cela renforcera l'inquiétude au lieu d'apaiser Minet. Il vaut mieux qu'il apprenne immédiatement à se rassurer lui-même, il finira par stopper ses vocalises après quelques minutes. Cela vous évitera aussi de futurs voyages ponctués de lamentations félines.

Quand vous entrez dans la maison, déposez la cage de transport dans un lieu calme et ouvrez la grille. Ne cherchez surtout pas à appeler le chat ou à le sortir vous-même de la cage. Il est plus opportun que les premiers pas dans la maison soient effectués de plein gré et non forcés. Certains chats ne mettront que quelques courtes minutes à sortir mais d'autres pourront y passer plusieurs heures : chacun son rythme ! Vaquez à vos occupations sans vous préoccuper de ce que fait le chat, vous finirez par le voir découvrir petit à petit son nouvel environnement. Si le logement est très grand, vous pouvez au départ fermer quelques portes pour que le chaton ne soit pas trop désorienté, mais ne l'enfermez pas dans une seule et unique pièce : c'est frustrant et empêche une exploration rassurante durant laquelle le chat s'approprie l'endroit en déposant différentes marques.

Après environ une heure, si Minet n'est pas déjà tombé dessus, montrez-lui où se trouvent les bacs à litière, les gamelles d'eau et de nourriture. Même si c'est très tentant, évitez les caresses et les câlins les premiers temps, ce n'est pas ce qui intéressera le plus le chat à ce moment-là. Ne le délogez pas des éventuelles cachettes qu'il trouvera le temps qu'il s'habitue à ce qui l'entoure et aux humains avec lesquels il vit. Si vous lui laissez le temps, il viendra vous voir sans faute quand il sera prêt. Vous lui permettez ainsi de découvrir ses humains sous le meilleur jour : respectueux et donnant confiance.

Les jours passant, chacun va s'apprendre et la relation s'établira vite sous les meilleurs auspices.

La visite chez le vétérinaire

Même si la personne chez qui vous avez adopté votre chat a procédé à tous les soins nécessaires, il faut vous rendre chez le vétérinaire quelques jours après l'arrivée du chat. Il pourra l'ausculter, s'assurer que tout va bien pour lui et vous indiquer les démarches de soins futurs.

Profitez-en pour prendre des vermifuges et des antiparasitaires en respectant le protocole que le vétérinaire vous donnera. Voyez avec lui les options possibles si vous souhaitez des traitements allopathiques ou naturels.

Prévoyez le moment de la castration/stérilisation et n'attendez pas que les comportements sexuels dérangeants apparaissent : mieux vaut prévenir que guérir. Pendant cette visite, soyez vous-même serein pour éviter à Minet la contagion émotionnelle.

Maintenant, vous avez toutes les clés pour une adoption réussie : à vous de jouer !

Mais alors, un chat, ça s'éduque ou pas ?

De prime abord, il faudrait répondre par la négative mais cela dépend de la signification que l'on donne au terme éduquer.

Soit on pense par là qu'il s'agit de conditionner le chat à faire ce que nous souhaitons, quand nous le voulons, ou de l'empêcher d'avoir des comportements naturels et nécessaires comme on a longtemps procédé avec l'éducation canine, et là, pas de doute, c'est non.

Si on prend, en revanche, la définition selon laquelle éduquer, c'est mettre en œuvre des moyens propres à assurer le développement d'un individu, alors oui, dans ce cas, on peut éduquer un chat. On peut l'accompagner au quotidien pour lui apprendre, de manière bienveillante, les règles d'une cohabitation sereine.

Il ne s'agira donc pas de donner des ordres ou de mettre en place des conditions formatant un chat qui produirait un comportement uniquement parce qu'on le désirerait.

Il conviendra plutôt de mettre en place des rituels qui permettront une meilleure organisation du quotidien et de fixer certaines limites qui vous importent tant qu'elles n'entrent pas en collision avec le bien-être du chat.

Les limites peuvent être l'interdiction d'accéder à certains endroits comme le plan de travail, la chambre du bébé, le bureau où vous développez votre passion pour les maquettes ou entreposez votre collection d'objets en verre. On peut tout à fait poser des interdits tant qu'ils sont cohérents et peu nombreux : pas plus de deux pour un chaton et trois ou quatre pour un adulte. L'idée, c'est déjà de faire en sorte que le chat n'ait pas accès à ses endroits sans que vous ayez besoin d'intervenir (en fermant les portes par exemple). Si Minet a accès à tout le reste, ça ne sera pas une frustration invivable pour lui. S'il est impossible d'empêcher le chat d'accéder au lieu, ne rentrez pas dans une chorale de « non » qui n'auront que pour effet éventuel qu'il attende que vous ne soyez pas là pour y aller. Monter sur une étagère où vous disposez des objets fragiles peut en être un bon exemple. Rendez ce lieu désagréable sans que le chat n'associe à cela une quelconque intervention de votre part, en déposant du Scotch double face. Pour l'efficacité de la démarche, redirigez toujours vers quelque chose qui vous convient, en mettant une autre étagère non loin où le chat pourra aller sans heurts. Une petite astuce de décoration de ladite étagère serait de trouver un objet très lourd que Minet ne pourrait pas renverser ou de coller celui-ci directement sur la planche.

Si vous souhaitez absolument obtenir un comportement parce qu'il vous rassure ou préserve le chat d'un éventuel danger, il faudra lui apprendre en renforçant positivement le chat quand il adopte le comportement désiré. On appelle cela le conditionnement opérant par renforcement. Ainsi, si Minet peut sortir se promener la journée mais que vous souhaitez qu'il rentre à la tombée de la nuit, il faudra commencer par proposer un signal que le chat va associer à la suite. Vous pouvez l'appeler par son prénom ou faire tinter une cloche puis, quand votre compagnon à quatre pattes réapparaît, offrez-lui une friandise très appétissante ou son repas favori.

N'hésitez pas à ne garder cette récompense que pour ce moment-là. Chaque jour, répétez l'opération, dans le même ordre. Si Minet réapparaît avant, sans que vous ayez pu déclencher le signal, ne le laissez pas rentrer de suite. Appelez-le ou faites sonner la cloche et ensuite donnez-lui sa friandise ou son repas. Il faudra quelques tentatives pour qu'il fasse bien l'association entre le signal émis et la récompense, mais au bout de quelques répétitions, vous verrez qu'il radinera au moment voulu.

Dans l'hypothèse où c'est un comportement que vous vous voulez éteindre, il faudra cette fois retirer quelque chose d'agréable pour que ce comportement disparaisse. On nomme cet apprentissage conditionnement opérant par punition. Punition est le terme scientifique dans ce type d'apprentissage, il ne correspond aucunement au sens commun mais indique que l'on ajoute ou on retire un stimulus qui rendra moins probable la réapparition d'un comportement. Pour illustrer ceci, nous allons présenter le cas très courant du chaton qui mordille. S'il le fait parce que vous jouez avec votre main et si le chaton monte en excitation, il faut tout simplement arrêter de procéder ainsi. La main ne devrait pas servir à des jeux de simulation de proie ou aux contacts désagréables (comme shampouiner le corps), sinon c'est l'amorce d'un caressé-mordeur avec les conséquences que l'on connaît. Si le chaton n'a pas appris l'inhibition des morsures et des griffures parce qu'il a été retiré trop tôt de sa mère par exemple, alors nous allons lui apprendre que ce type d'échange n'est pas désiré avec l'humain.

À l'instant où mini-Minet commence à croquer les doigts, on va donc lui envoyer un signal qu'il associera au retrait de quelque chose d'agréable. Ce signal doit être appuyé pour être bien marqué : faites un grand aïe théâtral puis stoppez le contact en vous déplaçant. Ce « aïe » se justifie parce que les chatons produisent un couinement quand, lors des bagarres juvéniles, une morsure est trop tenue et douloureuse. À ce moment-là, soit la mère intervient en séparant les petits belliqueux, soit le chaton qui a reçu la morsure arrête la séquence et laisse l'autre en plan. Le chaton recherchant beaucoup le contact à cet âge, il va associer sa morsure sur l'humain à la privation de ce contact. Il apprendra ainsi que, s'il souhaite des caresses ou être proche de vous, il ne doit pas vous mordre : sinon, vous le laissez seul. Quelques fois suffiront pour qu'il n'agisse plus ainsi. Attention, ceci n'est efficace que si vous ne le mettez pas dans une situation de caressé-mordeur où il serait bien légitime à agir ainsi quand il ne veut pas de caresses.

Il est intéressant d'aborder aussi l'habituation à certaines manipulations de votre part, justifiées par les soins nécessaires : donner des médicaments, soigner une blessure, couper les griffes ou enlever des nœuds du pelage. Cela s'appelle *medical training* ou encore soins coopératifs. À la base, cela a été développé pour faciliter les soins des animaux sauvages, et il est tout à fait pertinent de le pratiquer avec nos chats. Le but est que l'animal coopère activement aux manipulations et rende agréable (ou moins désagréable) ce qui ne l'est normalement pas. Le procédé reprend le principe du conditionnement opérant par renforcement afin que l'animal associe positivement ce qu'on lui fait. Il existe plusieurs techniques et différentes manières d'arriver à cela, n'hésitez pas à regarder des tutoriels sur internet où vous trouverez moults détails et précisions.

5

Tiens, « Chat », je ne savais pas !

Cette ultime partie regroupe un pêle-mêle d'informations au sujet des chats que vous ignorez peut-être, des réponses à certaines interrogations qui vous rendront incollable à leur sujet.

Un chat, ça retombe toujours sur ses pattes ?

La réponse est non ! Certes, il possède des capacités incroyables qui lui permettent d'amortir le poids de son corps lors d'une chute mais celle-ci doit se faire dans une fourchette de hauteurs. La chute doit être d'au moins 1,50 mètre pour que le chat ait le temps de se retourner.

En deçà, il s'étalera comme une crêpe… Cette contorsion commence quand l'oreille interne envoie l'information de la perte d'équilibre : Minet va tourner la tête et les pattes de sorte que le reste de la colonne vertébrale suive le mouvement, le tout accompagné d'une rotation de la queue à la façon des pales d'un hélicoptère.

Si la hauteur est supérieure à 1,50 mètre, s'ensuit une sorte de vol plané où le chat va tendre ses membres pour amortir la chute et se réceptionner correctement. Attention tout de même à ne pas croire que le chat peut tomber de n'importe où sans se faire mal.

Passé 5 ou 6 mètres de haut, la vitesse de chute va augmenter au point que le félin peut se blesser gravement voire mortellement. Les vétérinaires voient encore trop souvent des lésions dues à la chute d'un appartement, ce qu'on nomme le syndrome du chat parachutiste.

Plus il tombe de haut et plus les blessures seront dramatiques. Donc pensez à sécuriser vos balcons. Il existe des protections efficaces et discrètes, commercialisées par des entreprises spécialisées.

Mon chat reconnaît-il son prénom ?

Oui. Une récente étude scientifique a pu déterminer que nos amis félins réagissaient à leur prénom quand il était prononcé parmi d'autres mots. Ces mots obtenaient également plus d'intérêt quand ils étaient accompagnés dudit prénom. On ne sait pas si le chat l'attribue à son identité propre ou s'il apprend simplement à reconnaître un son associé positivement mais qu'importe, ce qui compte, c'est qu'il y réagisse quand on l'appelle.

Quelles sont les couleurs perçues par le chat ?

Nous avons vu que la vision du chat était efficiente pour les mouvements et dans la pénombre, mais concernant les couleurs, le chat est dichromate. C'est-à-dire qu'il possède deux des trois types de cellules nerveuses appelées cônes et qui permettent la perception colorée en fonction de l'intensité de la lumière. Chez le chat, des études ont montré qu'il possédait des cônes sensibles au bleu et au vert mais lui manquent ceux sensibles au rouge, couleur qu'il ne perçoit donc pas, comme beaucoup de mammifères.

Ainsi, il verra des nuances de gris à la place du rouge et ses dérivés comme le rose ou l'orange. On suppose que dans l'évolution des espèces de mammifères dichromates, ces nuances n'étaient pas primordiales à la survie. De ce fait, pour tout ce qui est jouets ou stimulations devant susciter l'intérêt du chat, on oubliera ces couleurs au profit du bleu ou du vert.

À quelle hauteur est-il capable de sauter et à quelle vitesse peut-il courir ?

Par sa morphologie, le chat est capable d'atteindre des performances eu égard à sa taille. Par exemple, en vitesse de pointe, il peut atteindre 50 km/h s'il doit attraper une proie rapide ou s'il doit échapper lui-même à un danger. Il s'agit d'une pointe de vitesse car le chat est un sprinteur mais n'est pas endurant.

Concernant les sauts en hauteur, il est capable d'atteindre aisément 1,50 mètre en un seul bond mais avec de l'entraînement, il est capable d'aller bien plus haut. Une vidéo sur internet assez impressionnante montre un chat pouvant atteindre un objet placé à 2 mètres du sol.

Ces capacités lui viennent des puissants muscles de ses postérieurs et de l'agilité générale de son corps. Il faut donc lui permettre de mettre ces facultés à profit en le laissant grimper et sauter dans son environnement.

Le chat a-t-il une technique pour chasser ?

Il existe deux catégories de prédateurs : les spécialistes et les généralistes. En fonction de leur zone de chasse, on dira qu'ils sont soit territoriaux, soit itinérants. Le chat, lui, est un prédateur généraliste territorial : il peut chasser différents types de proies (rongeurs, oiseaux, insectes, reptiles, dans les terriers et les nids) sur une superficie définie. Il peut consommer sa proie ou aiguiser ses techniques de chasse, qu'il soit nourri à la maison ou non.

Apprendre à un chat à faire ses besoins dans les toilettes humaines, c'est bien ?

Non, évidemment. Si vous en êtes à cette partie du livre, vous savez que cela ne correspond pas à la fonction de marquage. Souvent, les personnes trouvent cela amusant ou pratique, car il faudrait alors simplement tirer la chasse d'eau pour évacuer les déjections. Mais le chat, lui, n'optera pas pour cette solution. Si, en plus, l'humain est tenté d'enlever le bac à litière en imaginant que le chat ira sur les toilettes car il n'aura pas d'autre choix, il risque vite de déchanter.

Pourquoi Minet ne veut plus manger sa pâtée restée trop longtemps dehors ?

Le chat est un carnivore strict avec des besoins en taurine élevés. C'est un acide aminé essentiel au fonctionnement du système nerveux mais le chat n'est pas capable de la synthétiser en quantité suffisante. La taurine, présente naturellement dans les proies du chat, disparaît vite après la mise à mort. C'est pour cela que ce dernier n'est pas charognard et consomme rapidement ses proies après leur prise. C'est la même chose pour la taurine ajoutée dans la nourriture qui se dégrade après quelques dizaines de minutes. Le chat pourra ainsi refuser une nourriture séchée si son odorat lui indique qu'elle n'est pas qualitative.

Pourquoi dit-on que les chats blancs sont sourds ?

C'est une affirmation erronée dans le sens où tous les chats blancs ne sont pas sourds. C'est une possibilité due à un gène impliquant la couleur blanche chez les petits félins dans environ 70 % des cas. Ceux qui souffrent de ce handicap ont aussi les yeux bleus, pour les mêmes raisons génétiques. La surdité peut être partielle ou totale. Cependant, il ne faudrait pas penser à euthanasier ces chatons à la naissance, comme on peut parfois l'entendre, car ils s'adaptent très bien en développant leurs autres sens. Il faudra juste être plus vigilant pour la vie en extérieur car le danger est plus prononcé. Mais ne vous privez pas d'adopter un de ces merveilleux animaux car, en plus de la pureté de leur pelage, ce sont des chats comme les autres.

Comment fonctionnent les chaleurs chez la chatte ?

Appelées œstrus, les périodes propices à la reproduction ne passent pas inaperçues. Mue par ses instincts, la femelle va adopter une position particulière avec la croupe surélevée, les reins creusés, la queue sur le côté, que l'on appelle lordose. La chatte vocalise énormément en produisant de petites trilles jusqu'à des miaulements graves et profonds. Elle se frotte aux éléments de l'environnement pour disperser les molécules chimiques indiquant sa disponibilité sexuelle.

Les chaleurs se déroulent en général de mars à octobre avec un pic l'été quand la lumière est intense et dure plus longtemps car la photosensibilité déclenche les cycles. Les chaleurs durent en moyenne sept jours avec des pauses allant de deux à trois semaines avant de recommencer. C'est particulièrement épuisant pour la femelle et peut même engendrer des infections utérines si les chaleurs n'aboutissent jamais à une fécondation. On ne le dira jamais assez : stérilisez-la pour son bien-être et éviter la surpopulation féline.

Peut-on faire retirer les griffes d'un chat ?

Non. Une seule réponse mais plusieurs explications. La première, vous l'aurez deviné, c'est que les griffades sont un mode de communication essentiel du chat. Lui retirer ses griffes, c'est comme couper nos cordes vocales. Les griffes sont aussi des armes nécessaires en cas d'attaque et une aide précieuse pour les sauts et la réception du chat. La deuxième, c'est que la pratique de l'onyxectomie (dégriffage) est interdite en France comme dans 24 pays européens depuis 2004.

La troisième, et non des moindres, c'est que l'opération est extrêmement douloureuse et les conséquences à long terme graves. L'onyxectomie, c'est l'ablation totale de la dernière phalange du doigt où est implantée la matrice du phanère. Cette amputation fait particulièrement souffrir le chat et a des conséquences aussi bien physiques que mentales pour le reste de sa vie.

Pourquoi mon chat imite l'accouplement sur moi ou sur des couvertures ?

Plusieurs hypothèses peuvent être émises sur ce comportement que l'on retrouve aussi bien chez les mâles que chez les femelles. Si les chats sont castrés/stérilisés, et s'ils le font à des moments où ils sont détendus, il faudra voir si le chaton a pu être en contact assez longtemps avec sa mère durant ses premiers mois de vie. En effet, nous avons constaté que lors de ces comportements chez des chatons sevrés très précocement, la séquence comportementale de reproduction pouvait être mélangée avec des signaux de confort.

Rien de sexuel à votre égard, ne vous en faites pas. Inutile de le réprimander pour ces comportements, votre chat ne comprendrait pas. Si cela vous dérange, proposez une matière de type plaid en échange, et le chat redirigera son comportement dessus. Il est aussi possible que la castration/stérilisation n'ait pas été optimale chez le mâle en ligaturant trop haut le canal déférent ou en cas d'une simple ovariectomie chez la femelle car dans les deux cas, le corps continue de produire des hormones sexuelles. Ainsi, comme chez les animaux qui sont entiers, il peut y avoir un rôle hormonal dans ce comportement, et spécifiquement si le chat a déjà reproduit.

Comment réduire les odeurs de la litière sans déranger mon chat ?

Rappelons-le : le but n'est pas de supprimer les odeurs qui sont importantes pour le chat mais de les cantonner au bac pour qu'elles ne se diffusent pas dans toute la maison. Le choix du substrat est primordial mais pour les odorats sensibles, il est possible d'ajouter du bicarbonate de soude ou du charbon actif dans le fond du bac. Ainsi, tout le monde est content : Minet conserve l'efficacité de son marquage et votre nez est préservé !

Peut-il y avoir plusieurs pères différents pour une même portée ?

Tout à fait, et cela est dû au mode de reproduction des chats. La femelle n'a pas d'ovulation spontanée comme c'est le cas chez la femme. C'est l'accouplement qui la déclenchera. À la fin du coït, la femelle pousse un hurlement dû à la friction des picots présents sur le pénis du chat lors du retrait, ceci provoque la libération d'une hormone à l'origine de l'ovulation. Ainsi, chaque mâle qui s'accouplera avec la chatte pourra féconder les ovules en présence. Sur une portée de cinq chatons, il peut donc y avoir jusqu'à cinq pères différents.

Comment fabriquer son diffuseur de molécules chimiques personnalisé ?

Pour adoucir certains évènements stressants comme la séparation du chaton d'avec sa mère, une visite chez le vétérinaire ou un déménagement, on peut apaiser le chat avec ses propres odeurs. Il suffit de recueillir les molécules chimiques qu'il émet lors des marquages par frottement. Prenez un mouchoir en papier puis frottez les endroits où vous avez l'habitude de voir Minet marquer. Ces endroits sont repérables à des sortes de tâches noirâtres en bas des angles de mur ou en bas des meubles des pièces fréquentées. Vous verrez alors le mouchoir se colorer des mêmes tâches noires. Pour être encore plus efficace, vous pouvez prélever ces molécules chimiques directement sur le chat : profitez d'une séance de câlins durant laquelle Minet est détendu pour frotter délicatement ses joues avec le mouchoir en papier. Déposez ensuite ce mouchoir dans la cage de transport ou sur les couchages, les arbres à chat ou frottez les meubles et pièces de la nouvelle habitation : efficace, économique et personnalisé !

Pourquoi les chats préfèrent boire au robinet ou dans une flaque d'eau ?

On se demande souvent quelle passion habite nos félins quand on les regarde se précipiter à l'ouverture du robinet pour laper l'eau qui en coule. Ou pourquoi l'eau d'une flaque de pluie ou le verre dans lequel on vient de boire est plus intéressant que la belle gamelle customisée dédiée à la prise hydrique. Il semblerait que ce soit l'oxygénation de l'eau qui compte. Avec le mouvement, l'eau se charge d'air au passage du robinet ou quand la pluie vient juste de tomber, ce qui attirerait préférentiellement nos chats. C'est pourquoi une fontaine à eau imitant le filet qui s'écoule du robinet est un bon moyen de les inciter à s'abreuver plus souvent.

Pourquoi les chats ramènent-ils leur proie à la maison ?

La réponse n'est pas tout à fait ferme, plusieurs hypothèses sont possibles. Une très probable serait que le chat préfère consommer sa prise dans un endroit qu'il sait être sans danger. Quant à certains chats qui ont l'habitude de déposer la souris fraîchement chassée dans le lit ou sur le canapé, on peut supposer que le lien d'attachement avec son humain anime l'instinct de rapporter une proie au nid. Si cela provoque un dégoût légitime, ne disputez pas Minet et redéposez plutôt sa proie à l'extérieur de la maison.

Qu'est-ce qu'un chat sauvage ?

On a tendance à dire d'un chat qu'il est sauvage quand il n'a pas d'humains attitrés et/ou que son comportement hostile vis-à-vis de l'humain justifierait l'emploi de cet adjectif.

Or, scientifiquement, le chat sauvage (*Felis silvestris silvestris*) est une espèce différente du chat domestique (*Felis silvestris catus*). Il vit en Europe dans les forêts et sous-bois. Sa discrétion le rend très difficile à observer. Il ressemble beaucoup au chat domestique avec son pelage brun-marron rayé mais une particularité permet de le différencier : sa queue est plus courte, épaisse, et l'extrémité possède des anneaux noirs.

Pour le félin domestique, celui qui vit auprès de l'humain est qualifié de chat de maison (anciennement chat de gouttière). Pour celui qui est retourné à l'état sauvage et vit en parfaite indépendance, on parlera de chat haret ou chat marron.

Quelle est l'espérance de vie d'un chat ?

En moyenne, un chat vivra 14 ans mais il n'est pas rare de voir des matous atteindre 17 ou 18 ans. Concernant le chat domestique, son mode de vie influera aussi beaucoup : un chat haret ne pourra prétendre au même confort et aux soins vétérinaires d'un chat de maison, son espérance de vie est donc plus faible. Actuellement, le record mondial de longévité est détenu par Creme Puff, un chat américain ayant vécu à Austin et décédé à l'âge de 38 ans. Plus récemment, Rubble, un maine coon anglais, est décédé à l'âge de 31 ans au printemps 2020.

Les chats écaille de tortue sont-ils tous des femelles ?

La robe d'un chat noir et orange est appelée écaille de tortue. Elle n'est visible que chez les femelles car cette particularité génétique est liée au chromosome X. Pour qu'il y ait écaille de tortue, il faut absolument deux chromosomes X, ce qui est le cas des femelles (XX) mais pas des mâles (XY). Cependant, il arrive quelques fois qu'une anomalie génétique (syndrome de Klinefelter) soit porté par un mâle qui se retrouvera avec les chromosomes sexuels XXY et pourra donc être lui aussi écaille de tortue. C'est extrêmement rare et la quasi-totalité des mâles sont stériles.

Couramment, on parle de chattes tricolores mais les taches blanches ne sont pas obligatoirement présentes. Les couleurs de base des chattes écaille de tortue sont le noir et l'orange. Le blanc vient comme une option en fonction des gènes en présence. En outre, certains gènes peuvent diluer les couleurs de base et on pourra voir un pelage bleu à la place du noir et crème à la place du roux parmi tant d'autres possibilités.

Combien de races de chat existe-t-il ?

Il existe au moins 80 races de chat recensées et reconnues dans le monde mais toutes ne le sont pas dans tous les pays. En France, par exemple, le Loof reconnaît actuellement 54 races de chat. De nouvelles races apparaissant régulièrement, elles seront étudiées pour peut-être agrandir les possibilités. Rappelons-le : si une race vous plaît, fiez-vous à ses particularités morphologiques et non à la description comportementale des individus de cette race au risque, sinon, d'être déçu.

Comment se développe le chaton ?

De la période *in utero* jusqu'à la séparation d'avec sa mère, le chaton passe par différentes étapes. Sourd et aveugle à la naissance, le chaton s'imprègne à ce moment-là de son espèce. On constate une ouverture des yeux vers 7-10 jours en moyenne. Pendant cette période, plusieurs réflexes nécessaires à sa survie se succéderont avant de laisser place au développement de la motricité vers 15-20 jours. Ramper d'abord, puis marcher permettront l'exploration du monde qui entoure le chaton. C'est aussi à ce moment-là que les phases de socialisation et de familiarisation débutent. C'est entre le 22e et le 50e jour que le petit va apprendre à contrôler ses sphincters et à choisir ses lieux d'élimination.

Vers 3 semaines-1 mois commencera le sevrage alimentaire où la nourriture solide se substituera petit à petit au lait maternel. Puis jusqu'à ses 3 mois au minimum, le chaton va continuer les apprentissages en tout genre comme le contrôle des morsures et des griffures, le perfectionnement des codes sociaux, des techniques de prédation, des patrons moteurs, etc. Autant d'étapes qui justifient la présence de sa mère et de sa fratrie jusqu'à ses trois mois au minimum.

Comme la chienne Laïka, le chat est-il déjà allé dans l'espace ?

Oui. Le premier chat à avoir été envoyé dans l'espace s'appelle Félicette. C'était le 18 octobre 1963. Elle a fait partie d'un programme spatial qui l'a envoyée durant un bref séjour de dix minutes dont cinq en apesanteur, là où aucun chat n'avait encore été. Elle a été récupérée vivante, mais cela n'a pas été le cas de tous ses autres congénères du programme qui ont dû, notamment, subir une poussée de 9,5 G.

Le chat est-il beaucoup représenté dans les religions ?

Représentés, déifiés, diabolisés ou symboliques, nos matous sont effectivement présents à divers niveaux dans les croyances et la foi humaines.

Au Japon, c'est une sorte de talisman porte-bonheur appelée Maneki-Neko. Être de lumière qui symbolise la paix, l'harmonie et la spiritualité chez les bouddhistes, il avait le privilège d'être momifié en tant qu'espèce divine dans l'Égypte ancienne, où Bastet, la déesse de la Fertilité, était représentée avec une tête de chat.

Au Moyen Âge, il a été diabolisé (symbolisant le vice et les péchés) par le clergé de la religion chrétienne. Il est le fidèle compagnon de la déesse nordique Freyja symbolisant l'Amour. Dans l'islam, le chat est très important, c'est un animal très apprécié du prophète Mahomet qui préféra abandonner son vêtement plutôt que de réveiller sa chatte Muezza qui dormait dessus.

Quelle est la durée de gestation de la chatte ?

La chatte porte ses petits pendant une durée comprise entre 56 et 69 jours avec une moyenne de mise bas au 63e jour. Certains facteurs peuvent influencer ces chiffres : une portée nombreuse aura tendance à naître plus tôt que lorsque la mère porte un ou deux chatons. La race joue également sur la durée de la gestation.

Ainsi, les grandes races comme le maine coon, le savannah ou le norvégien portent leurs petits plus longtemps. Quoi qu'il en soit, durant cette période délicate, il est important que la chatte soit dans des conditions de bien-être optimal car les chatons ressentent énormément de stimuli *in utero* et cela influencera leur équilibre émotionnel futur.

Peut-on laisser un chaton seul la nuit ?

Cela dépendra en premier lieu de son âge. Avant l'âge de trois mois, il doit absolument être avec sa mère aussi bien le jour que la nuit. À l'adoption, l'idéal est que le petit puisse dormir avec vous pour apaiser le stress de la séparation, construire le lien social avec vous et ce, jusqu'à ses six mois environ.

Par la suite, cela dépendra de ce que vous souhaitez. Vous pouvez tout à fait partager votre lit avec Minet toute sa vie, à la condition de ne pas répondre aux éventuelles sollicitations ou manifestations spontanées nocturnes pour éviter des apprentissages que vous regretteriez ensuite. Si vous préférez que Minet dorme hors de la chambre, aucun souci non plus. Si son milieu de vie est bien enrichi et ses besoins physiologiques comblés, il s'habituera rapidement à dormir seul.

Dois-je laisser sortir mon chat après un déménagement ?

Si votre chat avait l'habitude de sortir dans sa précédente maison, il serait inutile de le retenir captif plusieurs semaines durant, comme c'est parfois conseillé. Puisqu'il est rôdé aux stimulations extérieures, ça sera plutôt une occasion de découvrir un nouvel environnement. Gardez votre chat trois ou quatre jours maximum à l'intérieur, le temps qu'il retrouve un équilibre émotionnel suite au déménagement, qu'il découvre les objets qui lui sont dédiés (supports de marquages, gamelles, couchages, jeux…) et ensuite, laissez-le explorer le jardin. Il peut, les premiers temps, ne pas rentrer la nuit car la soif d'exploration sera très forte. Procédez au rituel de rappel comme expliqué dans ce livre, et les nouvelles habitudes se mettront vite en place.

Si, en revanche, votre chat n'est jamais sorti et si, après avoir quitté votre appartement sans balcon, vous avez envie de lui offrir la liberté dans le jardin de votre maison, alors il faudra patienter un peu plus longtemps. Il faudrait attendre entre quatre et six semaines avant d'ouvrir la porte à Minet. Il doit s'habituer à sa nouvelle demeure et s'imprégner des lieux, des odeurs. Ensuite, vous pourrez commencer à le laisser sortir. Si cela vous rassure, dans un premier temps, vous pouvez mettre un harnais sécurisé au chat avec une longe de plusieurs mètres et lui apprendre le rituel du rappel. Quand l'apprentissage semble acquis, vous pourrez le détacher.

Mon chat n'accepte pas mon nouveau compagnon, est-ce normal ?

La plupart du temps, un humain qui a vécu seul avec son chat ne relèvera aucun changement de comportement chez ce dernier quand il se met en couple. Parfois, cela ne se passe pas aussi bien et ce, pour plusieurs raisons. Si vous êtes du genre casanier, que vous recevez peu de monde chez vous, alors il se peut que Minet ne soit pas correctement familiarisé à l'humain. Familiariser, ce n'est présenter un stimulus une fois pour considérer que l'animal s'y est habitué. Concernant l'humain, il faut que le chat ait vu plusieurs personnes, de sexe, taille, morphologie et caractère différents. Et ceci dans des conditions où il a pu observer, ne pas être dérangé, vivre des expériences positives pour que cela soit optimal. Le chat a pu également connaître des situations malheureuses, contraignantes avec un homme ou une femme avant que nous ne l'adoptiez et il est peut-être sensibilisé au genre sexuel. L'autre situation très courante est une dépendance forte du chez vis-à-vis de vous. Cela implique un attachement qui devient une épreuve à vivre pour Minet quand vous n'êtes pas là, une difficulté à supporter d'autres personnes que vous.

Que le chat crache, donne des coups de patte, se cache du nouveau compagnon, il faudra, dans tous les cas, apprendre au chat à faire confiance au nouveau/ à la nouvelle venue. L'idée est de multiplier les associations positives : le nouveau compagnon devrait proposer la nourriture au chat, avoir des interactions ludiques avec lui sans trop de montée d'excitation, le laisser venir à lui sans chercher à le toucher dans un premier temps, lui permettre d'explorer ses affaires personnelles. Avec de la patience et un peu d'investissement, ce type de situation se déverrouille en quelques jours à quelques semaines.

Est-ce normal que mon jeune chat ou mon chat adulte tète encore ?

Que cela soit votre peau ou un tissu confortable, le fait que Minet tète encore n'est pas foncièrement problématique. Certes, un chat adulte n'est plus censé avoir ce type de comportement mais un chat qui aurait été sevré précocement ou qui retire un grand confort de cette expérience juvénile peut continuer à le faire. C'est un comportement de résurgence infantile que le chat reproduit quand il est dans les mêmes conditions de bien-être que lorsqu'il était auprès de sa mère ou qu'il se sent stressé et qu'il chercher à s'apaiser. C'est dans la même veine que le pétrissage (ou patonnage) et le léchage/mordillage qui s'y associent. On entend parfois que c'est anormal et qu'il faut l'empêcher de le faire : stop ! C'est une façon sinon de lui retirer un signal exprimant un confort de l'instant ou un moyen de retrouver son équilibre émotionnel par une activité apaisante.

Si cela vous dérangeait ou vous faisait mal à cause des griffes lorsque le chat pétrit, alors redirigez simplement le comportement sur un plaid ou quelque chose de moelleux.

Vaut-il mieux adopter un mâle et une femelle que les deux chats du même sexe ?

La réponse (et vous commencez à la connaître) est : ça dépend. Si les animaux sont castrés/stérilisés ou qu'ils le seront au départ de la puberté, cela n'a aucune incidence. Au-delà du « feeling » individuel et des expériences particulières, le sexe de l'animal n'influera pas sur la relation.

Par contre, si les chats sont entiers c'est différent. Un mâle plein de testostérone supportera moins un congénère du même sexe que lui. Les femelles entre elles c'est identique même si la tolérance est souvent un peu plus grande. Un mâle et une femelle ensemble s'entendront relativement bien (si l'environnement est adapté) mais aux premières chaleurs, vous savez ce qui se passera. Les bons éleveurs peuvent d'ailleurs constater ces états de fait et organisent l'espace en fonction des ententes et mésententes assez instinctivement.

Les griffures/morsures de chat sont-elles dangereuses ?

Si la blessure est superficielle, désinfectez la plaie et déposez un pansement, en quelques jours il n'y paraîtra plus rien. Si la plaie est plus profonde (ce qui est souvent le cas des morsures félines) ou qu'elle se met à gonfler, est douloureuse, se met à suinter, vous devriez aller consulter rapidement votre médecin traitant car elle est sûrement infectée. Ceci est dû à la très riche flore buccale de nos animaux qui regroupent des agents pathogènes tels que les bactéries (Streptocoques, staphylocoques, Pasteurella, Capnocytophaga, Eikennella...) mais d'autres infections sont aussi possibles comme le tétanos, la rage ou la maladie des griffes du chat.

Donc on ne joue pas avec le feu si on s'est fait mordre ou griffer : on désinfecte et on consulte si ça se dégrade.

Mon chat me suit partout, est un vrai pot de colle, est-ce un problème ?

Nous recherchons bien évidemment un compagnon à quatre pattes affectueux avec qui nous pourrons établir une relation profonde. Si vous avez ce qu'on appelle communément un « chat-chien » de par ses comportements sociaux très développés : il a tendance à marcher dans vos pas, à vous suivre dans les pièces où vous allez, vous accompagne quand vous faites la cuisine, prenez votre douche, dormez ou allez aux toilettes. Il vocalise beaucoup et vous lui répondez (en parlant ou en imitant ses miaulements) et vous passez de longues minutes de câlins l'un contre l'autre accompagnés de ronronnement sonores. Ce n'est pas dérangeant tant qu'il n'y a pas de souffrance ressentie lors de vos absences. Quand une détresse plus ou moins forte apparaît lorsqu'il se retrouve seul, qu'il élimine hors de sa litière, qu'il griffe vos meubles à outrance, qu'il miaule à en fendre le cœur, qu'il s'agite beaucoup ou au contraire semble apathique, que la présence d'une autre personne ne semble pas l'apaiser alors cela devient problématique. On parle de forte dépendance à l'humain sur laquelle il faut travailler pour la souffrance psychologique qu'elle entraîne.

Dans ce cas, il faut reprendre le protocole de « bulle sans contact » pour permettre à Minet de retrouver une certaine indépendance et apprendre qu'il peut être serein même quand vous n'êtes pas là. Il faut le déshabituer de certains automatismes comme vous suivre partout en prenant l'habitude de fermer les portes derrière vous. Au départ, les séparations devront être progressives et commencer en s'isolant 5 minutes puis augmenter petit à petit ce temps. Réservez-vous une ou deux séances maximum de câlins dans la journée pendant quelques minutes et à la place, enrichissez le milieu de vie pour occuper votre chat différemment et porter son intérêt sur autre chose que votre personne. Si vous vivez avec quelqu'un, demandez à cette personne de s'occuper des gamelles et des litières afin que Minou associe d'autres humains aux soins. Ne répondez plus aux miaulements qui sont encore une forme d'échanges affectifs puissants ou faites-le le moins possible.

Quand vous aurez constaté que vos absences sont bien vécues, vous pourrez retrouver certains rituels que vous appréciiez particulièrement mais faites attention de ne pas retomber dans le système relationnel précédent.

Dois-je emmener mon chat en vacances ?

La réponse comprendra encore une fois le fameux « ça dépend ». La nature du chat engage que le meilleur milieu dans lequel il se sent à l'aise c'est celui de son domaine de vie habituel, il faudrait donc pouvoir le laisser à la maison. Ensuite, il y a aussi la durée des vacances qui est à prendre en compte. Par exemple, pour un court week-end d'une ou deux nuits maximum, si le chat n'a pas l'habitude de sortir, il peut tout à faire rester à la maison seul tant que vous vous assurez de l'approvisionnement en eau et nourriture et ajoutez des litières.

Au-delà, il va falloir s'organiser et plusieurs solutions existent. Vous pouvez demander à une personne sûre de la famille ou de votre entourage de venir visiter le chat une ou deux fois par jour qui s'occupera des gamelles, des bacs à litière et de passer du temps avec lui. Si vous n'avez pas cette possibilité, les cat-sitters formés et déclarés auront toutes les compétences pour ce faire en plus de vous proposer, la plupart du temps, d'autres services comme l'arrosage des plantes, un ménage avant votre arrivée ou relever votre courrier. Les pensions félines peuvent être une solution alternative si vraiment vous ne pouvez pas laisser votre chat à la maison où que vous savez qu'il aura besoin d'une présence très régulière. Renseignez-vous sur les compétences des personnes en charge des petits félins et de l'adaptation des locaux à leurs besoins.

Si vous partez longtemps et que vous souhaitez emmener votre chat, anticipez tous ses besoins, emmenez ses affaires portant ses odeurs et préservez-le de tout stress inutile. Faites attention également aux éventuelles fugues dans un lieu qu'il ne connaît pas et où il sera possible qu'il encoure certains dangers.

Conclusion

Nous espérons que cet ouvrage vous aura permis de mieux comprendre le fonctionnement du chat, ses besoins et sa façon de communiquer. Que les questions, les quiproquos auront été élucidés et que les propositions de résolution des problématiques rencontrées vous aideront à retrouver une cohabitation saine et sereine.

Par-dessus tout, nous souhaitons que la cause féline puisse être servie en adoptant une vision différente, plus profonde, de cet animal qui nous apporte tant. D'une manière générale, garder en tête que ce que nous vivons, ressentons en tant qu'humain au travers de nos spécificités sensorielles, psychologiques, cognitives ne doit pas être transposé à l'espèce féline. Se rappeler à chaque fois que nous émettons un avis sur ce que le chat est en train de faire, sur les messages qu'il nous fait passer qu'il a ses propres codes de communication et des priorités quotidiennes différentes des nôtres.

Prenez du temps pour observer votre animal, pour voir comment il s'adapte à un environnement que l'on organise initialement selon nos souhaits et besoins, tout ce qu'il met en œuvre pour nous lire et nous décrypter.

Appréciez les moments qu'il vous donne et laissez de côté les a priori basé sur la hiérarchie, la dominance, les fausses croyances, la peur de la perte de contrôle : ils n'ont pas de place ni dans la tête de votre chat ni dans une relation harmonieuse.

Bien sûr, nous ne pourrons jamais être parfaits et répondre sans faille à tout ce que le chat proposera, aura besoin, ne serait-ce que parce que nous sommes humains et qu'il est difficile d'avoir une introspection permanente sur la place de chaque être vivant. Ce n'est d'ailleurs pas le but ultime, les frustrations, les conflits font aussi partis de la vie et sont même indispensables à une bonne construction émotionnelle comme la peur l'est à la survie tant que cela reste occasionnel et peu intense. Ce qui compte c'est de prendre conscience que le chat est un individu à part entière, qu'il a son monde et vous le vôtre mais qu'avec une approche basée sur l'écoute, le respect, la compréhension, la tolérance, vivre avec un chat est une aventure extraordinaire ! S'il a inspiré autant d'auteurs, de peintres, de poètes et artistes en tout genre, s'il continue d'être un intérêt majeur à l'heure du numérique, s'il est devenu l'animal de compagnie le plus représenté en France, c'est que le chat a fasciné, fascine et continuera de fasciner pendant encore très longtemps !

Achevé d'imprimer en octobre 2020
sur les presses de la Nouvelle Imprimerie Laballery
58500 Clamecy
Numéro d'impression : 010527

Imprimé en France

La Nouvelle Imprimerie Laballery est titulaire de la marque Imprim'Vert®